혼자서도 막힘없이 술술 읽히는 **쉽고 즐거운 리딩!**

바빠 초등

영어 리딩 3

KB203342

이지스에듀

지은이| 3E 영어 연구소, 김현숙

3E 영어 연구소는 Effective Educational Experiences의 약자로, 단순히 지식을 전달하는 것에 그치지 않고, 학습자가 지식을 흡수하는 과정까지 고려해 가장 효율적인 영어 학습 경험을 제공하기 위해 연구하는 이지스에듀 부설 연구소이다.

김현숙 선생님은 영어교육 석사 학위를 받고, 캐나다에서 TEFL 과정, 미국에서 TESOL 과정을 수료한 후, 10여 년 동안 NE능률과 동아출판사에서 영어 교재를 기획, 개발한 영어 학습 전문가이다. 리스닝튜터, 1316 독해, 리딩엑스퍼트, 빠른 독해 바른 독해 같은 초·중등 교재뿐 아니라, 고등 영어 교과서 개발에도 참여해, 최근 입시 영어 경향까지 잘 이해하고 있다.

현재는 초등학생을 위한 파닉스, 독해, 문법 강의를 하고 있고, 그동안의 영어 교재 개발과 강의 경험을 집대성해 이지스에듀에서 《바빠 초등 영어 리딩》 시리즈를 집필하였다.

감수| Michael A. Putlack

미국의 명문 대학인 Tufts University에서 역사학 석사 학위를 받은 뒤 우리나라의 동양미래대학에서 20년 넘게 한국 학생들을 가르쳤다. 폭넓은 교육 경험을 기반으로 《미국 교과서 읽는 리딩》 같은 어린이 영어 교재를 집필했을 뿐만 아니라 《영어동화 100편》 시리즈, 《7살 첫 영어 - 파닉스》, 《바빠 초등 필수 영단어》, 《바빠 초등 영어 일기 쓰기》 등의 영어 교재 감수에 참여해 오고 있다.

혼자서도 막힘없이 술술 읽히는 쉽고 즐거운 리딩!

바빠 초등 영어 리딩 3 - Words 70

초판 1쇄 인쇄 2024년 10월 4일
초판 1쇄 발행 2024년 10월 10일
지은이 3E 영어 연구소, 김현숙   원어민 감수 Michael A. Putlack (마이클 A. 푸틀랙)
발행인 이지연
펴낸곳 이지스퍼블리싱(주)
출판사 등록번호 제313-2010-123호
주소 서울시 마포구 잔다리로 109 이지스 빌딩 5층(우편번호 04003)
대표전화 02-325-1722   팩스 02-326-1723
이지스퍼블리싱 홈페이지 www.easyspub.com 이지스에듀 카페 www.easysedu.co.kr
바빠 아지트 블로그 blog.naver.com/easyspub 인스타그램 @easys_edu
페이스북 www.facebook.com/easyspub2014 이메일 service@easyspub.co.kr

본부장 조은미 기획 및 책임 편집 이지혜 | 정지연, 박지연, 김현주 표지 및 내지 디자인 손한나, 김용남 조판 김혜수
일러스트 김학수, Shutterstock 인쇄 보광문화사 독자 지원 박애림, 김수경
영업 및 문의 이주동, 김요한(support@easyspub.co.kr) 마케팅 라혜주

ISBN 979-11-6303-641-8
ISBN 979-11-6303-620-3(세트)
가격 14,000원

• **이지스에듀**는 이지스퍼블리싱(주)의 교육 브랜드입니다.
 (이지스에듀는 학생들을 탈락시키지 않고 모두 목적지까지 데려가는 책을 만듭니다!)

 추천의 글

> **"**
> # 펑펑 쏟아져야 눈이 쌓이듯,
> # 공부도 집중해야 실력이 쌓인다.
> **"**

영어 전문 명강사들이 적극 추천하는
'바빠 초등 영어 리딩'

리딩이 막막한 아이들에게 강력 추천!

아이들이 처음 독해를 시작할 때, 어휘와 기본 문법을 배웠더라도 막상 영어 지문을 읽으려면 막막함을 느낍니다. '바빠 초등 영어 리딩'은 그런 아이들이 수월하게 지문을 읽을 수 있도록 이끌어 줍니다. **핵심 어휘로 어떻게 접근해야 지문을 더 빠르고 쉽게 해석할 수 있는지 독해를 위한 준비 과정과 접근법을 보기 쉽게 단 2장으로 정리해 놓은** 최고의 교재입니다.

이은지 선생님
(주)탑클래스에듀아이 영어 강사

재미와 학습 효과, 모두 잡은 리딩 교재!

'바빠 초등 영어 리딩'은 **아이들이 흥미를 가질 만한 내용의 짧은 글을 통해 초등학생이 꼭 알아야 하는 필수 영어 단어와 문장을 학습**할 수 있습니다. 핵심 단어를 먼저 학습한 후, 글을 읽기 때문에 더욱 쉽고 재미있게 읽을 수 있고, 문제 풀이와 끊어 읽기 연습을 통해 이해력을 높이는 동시에 영어 읽기 실력을 효과적으로 향상시킬 수 있습니다.

어션 선생님
기초 영어 강사, '어션영어 BasicEnglish' 유튜브 운영자

영어 독해 실력을 효율적으로 키워 주는 책!

많은 글을 읽는 것도 도움되지만 너무 바빠서 시간도 에너지도 부족한 요즘 아이들을 위해, **'바빠 초등 영어 리딩'은 초등 교과서 필수 단어를 지문 읽기 전에 미리 익히고 바로 써먹는 효율적인 공부법**을 제시합니다. 또한 끊어 읽기와 직독직해 연습을 통해 영어의 느낌 그대로 읽으면서 읽기 속도도 더욱 빨라지게 됩니다.

클레어 선생님
바빠 영어쌤, 초등학교 방과 후 영어 강사

복습까지 탄탄한 교재!

리딩을 공부할 때 많은 단어와 문장을 만나게 되지만 실제로 완벽하게 소화할 수 있는 교재는 드뭅니다. 하지만 '바빠 초등 영어 리딩'은 복습까지 세심하게 구성되어 있네요. **Word Review와 받아쓰기를 하다 보면 핵심 단어와 문법이 저절로 반복되어 기억에 오래 남게** 됩니다.

유혜빈 선생님
서울 윌링어학원 영어 강사

3

초등 필수 영단어와 학교 문법으로 시작하니
혼자서도 막힘없이 술술 읽을 수 있어요!

리딩을 "감"으로? 이제 정확하게 읽어야 할 때!

유아, 초등 저학년 시기에는 동화나 이야기책을 주로 상상하며 읽기 때문에 영어 리딩을 감으로 해도 괜찮습니다. 하지만 초등 고학년이 되어 학교 시험과 수능까지 대비하려면, 감으로 읽는 습관은 버려야 합니다. 시험에서는 정보와 지식이 풍성한 긴 지문을 정확하게 읽고, 정해진 시간 안에 문제까지 풀어내야 하기 때문이죠.

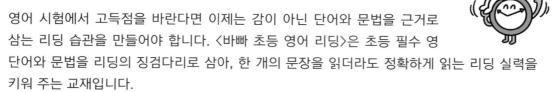

영어 시험에서 고득점을 바란다면 이제는 감이 아닌 단어와 문법을 근거로 삼는 리딩 습관을 만들어야 합니다. 〈바빠 초등 영어 리딩〉은 초등 필수 영단어와 문법을 리딩의 징검다리로 삼아, 한 개의 문장을 읽더라도 정확하게 읽는 리딩 실력을 키워 주는 교재입니다.

리딩이 쉬워지는 첫 번째 징검다리, 단어! 바로 배우고, 바로 소화해요!

리딩을 하려면 먼저 영단어를 알아야 합니다. 이 책은 초등학교 영어 교과서를 분석해 반드시 알아야 하는 필수 영단어를 수록했습니다. 유닛마다 새로운 핵심 단어 10개씩 익히고, 방금 익힌 단어를 바로 다음 페이지에 나오는 지문 속에서 발견하도록 설계해, 누구나 답답하지 않게 리딩을 시작할 수 있습니다.

리딩이 쉬워지는 두 번째 징검다리, 문법! 학교 문법 수준이면 문장이 읽혀요!

문법을 알면 문장을 정확히 읽는 데 도움이 됩니다. 이 책에 나오는 문장은 초등학교 영어 교과서 수준의 문법을 적용해 구성했습니다. 초등 과정에서는 다루지 않는 to부정사, 가정법, 관계대명사, 현재완료, 수동태 등이 섞인 문장은 과감하게 배제해, 학교 수업만 들은 친구들도 문장을 어렵지 않게 읽어 낼 수 있습니다. 또한 You should, They can 같은 문형만 봐도 중심 문장을 바로 파악하는 훈련을 할 수 있어 효과적입니다.

리딩 스킬이 저절로 길러지는 끊어 읽기!

우리말 어순으로 바꿔 읽는 습관은 리딩 실력을 키우는 데에 방해가 됩니다. 영어는 문장 속 단어를 의미 단위로 끊고 직독직해를 해야 해석도 빠르고 영어식 이해력도 길러집니다.

이 책에서는 Chunk 코너를 통해 영어 어순에 맞게 문장을 읽는 직독직해를 연습합니다. 의미 덩어리 단위의 문법적 쓰임이 파악되면서 문장을 더 쉽게 이해하게 될 거예요.

자석처럼 마음을 끌어당기는 흥미진진한 비문학 지문들

아무리 좋은 내용이라도 재미있어야 지문을 읽고 싶은 마음이 생깁니다. 이 책에는 자석처럼 마음을 끌어당기는 흥미로운 이야기들이 가득합니다. 그중에서도 초등 고학년이 앞으로 많이 접하게 될 정보와 지식이 풍부한 비문학과 친해지도록 교과서 연계 주제, 바빠 국어 독해 지문, 학교 공부에 필요한 배경지식 등의 지문을 골라 담았습니다.

또한 문제만 풀어도 저절로 지문이 파악되는 3단 문제 구성(중심 내용 — 세부 내용 — 서술형 대비)을 준비했습니다. 〈바빠 초등 영어 리딩〉 시리즈의 흥미진진한 지문으로 조금 더 즐겁게 비문학 리딩을 시작해 보세요.

망각이 일어나기 전에 진짜 내 실력으로 만들어 주는 똑똑한 복습 설계

독일 출신 심리학자인 에빙하우스의 망각 이론에 따르면, 방금 본 단어도 외운 지 10분 후부터 망각이 일어나서 1일 후에는 70% 이상이 기억에서 사라진다고 합니다. 모든 공부는 한 번에 이뤄지지 않습니다. 탄탄한 리딩 습관을 키우기 위해서는 꼭 복습이 이뤄져야 합니다. 이 책에서는 앞에서 배운 지문의 내용이 자신도 모르게 여러 차례 복습이 이루어지도록 설계했습니다. 본 교재 학습이 끝난 후 Word Review와 받아쓰기까지 끝내고 나면, 많은 단어와 문장이 저절로 장기 기억으로 넘어가 오래 기억할 수 있을 거예요!

초등 필수 영단어와 학교 문법으로 시작하는 즐거운 리딩! 매일 2장, 16일이면 완성되는 〈바빠 초등 영어 리딩〉으로 시험에도 대비할 수 있는 진짜 리딩 실력을 키워 보세요.

TIP

'오늘부터 한 달 동안 이 책 한 권을 다 풀 거야!'라고 공개적으로 약속하면 끝까지 풀 확률이 높아진대요! 결심과 함께 책 사진을 찍어 친구나 부모님께 공유해 보세요!

오늘부터 리딩을 시작할 거야!

우아!

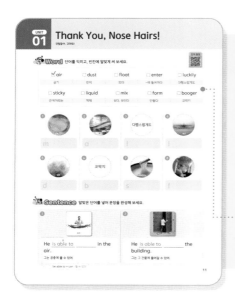

1단계 ▶ 핵심 단어 공부하기

각 단어를 원어민 음성으로 3회씩 듣고 따라 말하면서 단어를 익혀요. 최소 2~3번 이상 반복하고 아래의 문제도 풀어요.

핵심 필수 단어 10개를 먼저 학습해요!

☑ air	☐ dust	☐ float	☐ enter	☐ luckily
공기	먼지	뜨다	~에 들어가다	다행스럽게도
☐ sticky	☐ liquid	☐ mix	☐ form	☐ booger
끈적거리는	액체	섞다, 섞이다	만들다	코딱지

2단계 ▶ 지문 읽기

교과서 주제에서 뽑은 이야기, 바빠 국어 독해 지문, 학교 공부에 필요한 다양한 배경지식 등 흥미진진한 지문을 읽어요.

Quiz로 지문 속 내용을 더 자세하게 이해해요!

Quiz

밑줄 친 them이 가리키는 것은 (nose hairs | dust and germs) 이다.

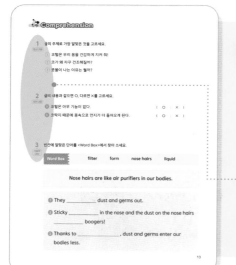

3단계 ▶ 문제로 확인하기

중심 내용, 세부 내용, 서술형 대비, 총 3단계로 지문을 체계적으로 파악해요. 문제를 풀다 보면 내용이 더 깊게 이해될 거예요.

 1 중심 내용   **2** 세부 내용   **3** 서술형 대비

문제를 풀다 보면 지문이 더 많이 이해돼요!

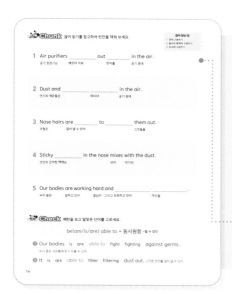

4단계 끊어 읽기 연습하기

끊어 읽기를 통해 직독직해를 연습해요. 주어와 동사뿐만 아니라 목적어, 보어 등 문법적 쓰임이 파악되면서 문장을 더 쉽게 이해하게 될 거예요.

영어식 어순으로 읽어요!

3. 수식어 구분하기

1 Air purifiers _____ out _____ in the air.
공기 청정기는 /깨끗이 치워 /먼지를 /공기 중에

5단계 받아쓰기로 마무리하기

본문 학습이 끝난 후, 한 시간 안에 받아쓰기로 복습해요. 음원을 들으며 빈칸을 채우다 보면 오늘의 공부가 완벽하게 끝날 거예요.

＊들려주는 문장을 잘 듣고, 빈칸에 알맞은 단어를 써 보세요.

Air purifiers clean out _____ in the _____.

빈칸을 채우다 보면 저절로 복습이 돼요!

원어민의 발음을 꼭 듣자!

QR코드를 이용해 단어와 지문을 여러 번 듣고 따라 하세요.
스마트폰에 QR코드 앱이 설치되어 있어야 합니다.
'바빠 공부단 카페'에서 MP3를 다운로드할 수도 있습니다.

🎧 원어민 발음 음원 다운로드

'바빠 공부단 카페'의 바빠 자료실에서 〈바빠 초등 영어 리딩〉을 검색하세요!

바빠 공부단 카페 www.easysedu.co.kr

| 바빠 공부단 | 검색 |

Contents

바빠 초등 영어 리딩 3 - Words 70

바빠 초등 영어 리딩 시리즈

<바빠 초등 영어 리딩> 시리즈는 단어의 수로 난이도를 나누어 총 3권으로 구성했습니다!
단어가 많을수록 난도가 올라가기 때문에 점차 실력이 쌓이는 것을 느낄 수 있을 거예요.

	바빠 초등 영어 리딩 1	바빠 초등 영어 리딩 2	바빠 초등 영어 리딩 3
교재	바빠 초등 영어 리딩 1 English Reading Words 50	바빠 초등 영어 리딩 2 English Reading 60	바빠 초등 영어 리딩 3 English Reading Words 70
단계	권장 시간: 2분 정도 지문 길이: 50단어 내외 단어 난이도: ★★☆☆☆ 내용 난이도: ★★☆☆☆	권장 시간: 2분 정도 지문 길이: 60단어 내외 단어 난이도: ★★★☆☆ 내용 난이도: ★★☆☆☆	권장 시간: 2분 정도 지문 길이: 70단어 내외 단어 난이도: ★★★☆☆ 내용 난이도: ★★★☆☆
추천 학습 대상	[영어 학습 2년 차] - 파닉스/사이트워드 완료 - 파닉스리딩 완료 - 3,4학년 영단어와 영문법 병행 학습 추천	[영어 학습 2년 차 이상] - 3,4학년 영단어와 영문법 완료 - 단어 학습 추가 진행 추천	[영어 학습 3년 차] - 5,6학년 영단어와 영문법 병행 학습 추천

PART 01 Food & Health

Thank You, Nose Hairs!

코털들아, 고마워!

Word 단어를 익히고, 빈칸에 알맞게 써 보세요.

단어 음원

☑ air	☐ dust	☐ float	☐ enter	☐ luckily
공기	먼지	뜨다	~에 들어가다	다행스럽게도
☐ sticky	☐ liquid	☐ mix	☐ form	☐ booger
끈적거리는	액체	섞다. 섞이다	만들다	코딱지

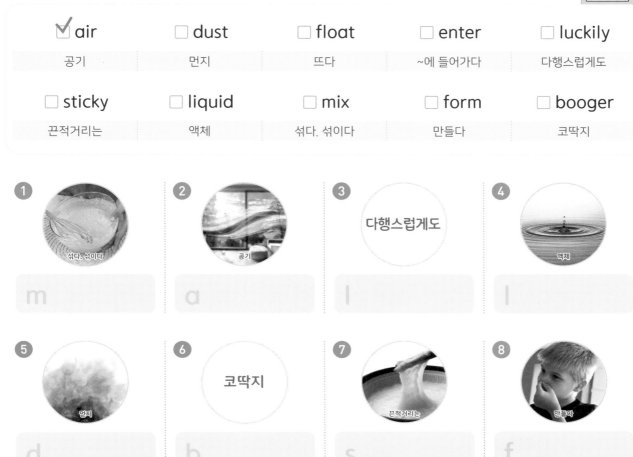

1 섞다, 섞이다
m

2 공기
a

3 다행스럽게도
l

4 액체
l

5 먼지
d

6 코딱지
b

7 끈적거리는
s

8 만들다
f

Sentence 알맞은 단어를 넣어 문장을 완성해 보세요.

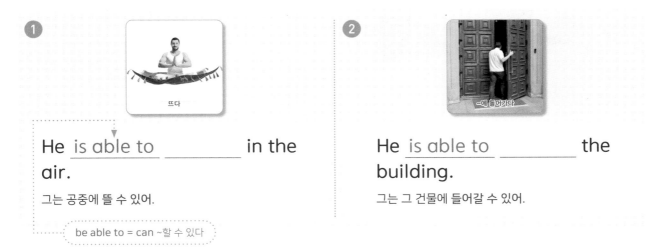

1 뜨다

He _is able to_ _____ in the air.

그는 공중에 뜰 수 있어.

be able to = can ~할 수 있다

2 ~에 들어가다

He _is able to_ _____ the building.

그는 그 건물에 들어갈 수 있어.

Air purifiers clean out **dust** in the **air**.

Just like **air** purifiers, nose hairs do the same job in our bodies.

Dust and germs **float** in the **air** and can **enter** our bodies.

Luckily, nose hairs are able to filter <u>them</u> out!

Sticky liquid in the nose **mixes** with the **dust** on the nose hairs.

It becomes hard and **forms boogers**.

So **boogers** mean this: Our bodies are working hard and protecting themselves!

air purifier 공기 청정기
nose hair 코털
job 일
germ 세균
filter out 걸러 내다
protect 보호하다

Quiz
밑줄 친 <u>them</u>이 가리키는 것은 (nose hairs | dust and germs) 이다.

정답) dust and germs

Comprehension

1 글의 주제로 가장 알맞은 것을 고르세요.

중심 내용

① 코털은 우리 몸을 건강하게 지켜 줘!

② 코가 왜 자꾸 건조해질까?

③ 콧물이 나는 이유는 뭘까?

2 글의 내용과 같으면 O, 다르면 X를 고르세요.

세부 내용

ⓐ 코털은 아무 기능이 없다. (O | X)

ⓑ 코딱지 때문에 몸속으로 먼지가 더 들어오게 된다. (O | X)

3 빈칸에 알맞은 단어를 <Word Box>에서 찾아 쓰세요.

서술형 대비

Word Box	filter	form	nose hairs	liquid

> Nose hairs are like air purifiers in our bodies.

❶ They _____ dust and germs out.

❷ Sticky _____ in the nose and the dust on the nose hairs _____ boogers!

❸ Thanks to _____, dust and germs enter our bodies less.

1 Air purifiers _____ out _____ in the air.
공기 청정기는 / 깨끗이 치워 / 먼지를 / 공기 중에

2 Dust and _____ _____ in the air.
먼지와 세균들은 / 떠다녀 / 공기 중에

3 Nose hairs are _____ to _____ them out.
코털은 / 걸러 낼 수 있어 / 그것들을

4 Sticky _____ in the nose mixes with the dust.
코안의 끈적한 액체는 / 섞여 / 먼지와

5 Our bodies are working hard and _____ _____.
우리 몸은 / 일하고 있어 / 열심히 / 그리고 보호하고 있어 / 자신을

Check 패턴을 보고 알맞은 단어를 고르세요.

> **be(am/is/are) able to + 동사원형** ~할 수 있다

❶ Our bodies (is | are) able to (fight | fighting) against germs.
우리 몸은 세균들에 맞서 싸울 수 있어.

❷ It (is | are) able to (filter | filtering) dust out. 그것은 먼지를 걸러 낼 수 있어.

Word 단어를 익히고, 빈칸에 알맞게 써 보세요.

단어 음원

□ originally	□ rich	□ card	□ even	□ meal
원래, 본래	부유한	카드	~도[조차], 심지어	식사

□ ingredient	□ between	□ hand	□ recipe	□ kind
재료, 성분	사이에	손	조리법	종류

❶ 부유한
r

❷ ~도[조차], 심지어
e

❸ 손
h

❹ 식사
m

❺ 종류
k

❻ 원래, 본래
o

❼ 카드
c

❽ 사이에
b

Sentence 알맞은 단어를 넣어 문장을 완성해 보세요.

❶
재료, 성분

You only need two _____ s for the sauce.

너는 소스에 딱 두 가지 재료만 필요해.

❷
조리법

I know two _____ s for chicken soup.

나는 치킨 수프를 만드는 두 가지의 조리법을 알아.

본문 음원

Sandwich is **originally** not the name of a food.

<u>It</u>'s the name of a village in England.

The **rich** person in that area was the Earl of Sandwich.

He loved **card** games very much.

He didn't **even** have time for **meals**.

So he put all the **ingredients** of a **meal between** bread.

He could play **cards** with one **hand** and eat with the other **hand**.

This **recipe** became popular, and people called this **kind** of food a sandwich!

sandwich 샌드위치
village 마을
earl 백작
bread 빵
popular 인기 있는

Quiz

밑줄 친 <u>It</u>이 가리키는 것은 (sandwich | food) 이다.

16

정답 sandwich

Comprehension

1 글의 주제로 가장 알맞은 것을 고르세요.

중심 내용

① 샌드위치의 탄생

② 샌드위치 만드는 법

③ 샌드위치의 다양한 재료

2 글의 내용과 같으면 O, 다르면 ✕를 고르세요.

세부 내용

ⓐ 샌드위치는 원래 전통 음식 이름이었다.　　　　　(O | ✕)

ⓑ 샌드위치는 백작의 오랜 연구 끝에 만들어졌다.　(O | ✕)

3 빈칸에 알맞은 단어를 <Word Box>에서 찾아 쓰세요.

서술형 대비

Word Box	other	meals	ingredients	one

❶ The Earl of Sandwich played card games day and night.

❷ For his _____, he prepared some _____ and put them between bread.

❸ He could eat the bread with _____ hand and play card games with the _____ hand.

❹ It was the very first sandwich!

17

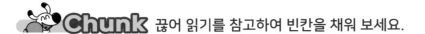 **Chunk** 끊어 읽기를 참고하여 빈칸을 채워 보세요.

끊어 읽는 법
1. 주어 구분하기
2. 동사와 목적어 구분하기
3. 수식어 구분하기

1 Sandwich is _____ not the _____ of a food.
샌드위치는   / 원래 음식의 **이름**이 아니야

2 He didn't _____ have time for _____.
그는 / 시간조차 없었어   / 식사할

3 So he _____ all the _____ of a meal _____ bread.
그래서 / 그는 / 넣었어   / 모든 식사 재료들을   / 빵 사이에

4 He could eat with _____ _____ hand.
그는 / 먹을 수 있었어 / 다른 한 손으로

5 People _____ this _____ of food a sandwich!
사람들은 / 불렀어   / 이런 종류의 음식을   / 샌드위치라고

Check 패턴을 보고 알맞은 단어를 고르세요.

> 두 개일 때 one(하나), the other(또 다른 하나)를 써요.

> **One ~, the other ~** 하나는 ~, 또 다른 하나는 ~

❶ I bought two sandwiches. One was chicken, and (other | the other)
was ham. 내가 샌드위치를 두 개 샀어. 하나는 치킨이고, 다른 하나는 햄이었어.

❷ Touch this ingredient with (one | another) hand and write its name
with the other hand. 이 재료를 한 손으로 만져 보고, 다른 한 손으로 그 이름을 써 봐.

18

Salt Needs Sun, Wind, and Time

소금은 태양, 바람, 그리고 시간이 필요해

Word 단어를 익히고, 빈칸에 알맞게 써 보세요.

단어 음원

☐ salt	☐ basic	☐ seasoning	☐ wide	☐ wind
소금	기본적인	양념	넓은	바람
☐ crystal	☐ behind	☐ moist	☐ warehouse	☐ edible
결정, 크리스털	(그대로) 남아	습기 있는	창고	먹을 수 있는

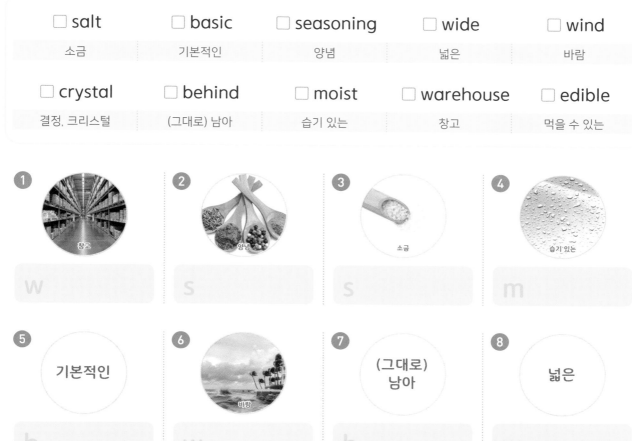

① 창고 w

② 양념 s

③ 소금 s

④ 습기 있는 m

⑤ 기본적인 b

⑥ 바람 w

⑦ (그대로) 남아 b

⑧ 넓은 w

Sentence 알맞은 단어를 넣어 문장을 완성해 보세요.

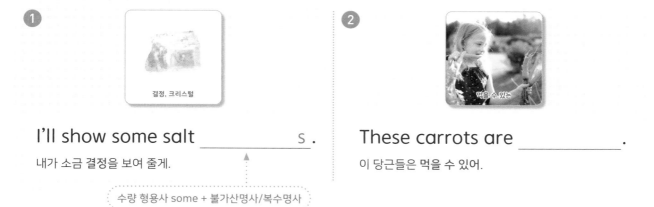

①
결정, 크리스털

I'll show some salt _____s.

내가 소금 결정을 보여 줄게.

수량 형용사 some + 불가산명사/복수명사

②
먹을 수 있는

These carrots are _____.

이 당근들은 먹을 수 있어.

Salt is one of the most **basic seasonings**.

How do people make **salt**?

They put seawater in a **wide** area.

Sunlight and **wind** dry the water.

This process leaves only **salt crystals behind**.

These **crystals** have a bitter taste and are too **moist**.

After 6 months to a year in a **salt warehouse**, they become **edible**.

There is no more bitterness and moisture.

seawater 바닷물, 해수
sunlight 햇빛
dry 건조시키다
leave 남기다
salt crystal 소금 결정
bitter 쓴
bitterness 쓴맛
moisture 수분, 습기

Quiz
밑줄 친 they가 가리키는 것은 (seasonings | salt crystals) 이다.

정답 salt crystals

Comprehension

1 글의 제목으로 가장 알맞은 것을 고르세요.

중심 내용

① 소금의 성질

② 소금의 유통 기한

③ 바닷물이 소금이 되는 과정

2 글의 내용과 같으면 ○, 다르면 ✕를 고르세요.

세부 내용

ⓐ 바닷물을 건조시키면 바로 우리가 먹는 소금을 얻을 수 있다.　　　(○ | ✕)

ⓑ 소금을 얻기 위해 가장 먼저 바닷물을 창고에 보관해 둔다.　　　(○ | ✕)

3 빈칸에 알맞은 단어를 <Word Box>에서 찾아 쓰세요.

서술형
대비

| Word Box | drying | crystals | edible | seawater |

Number 1 Seasoning, Salt

❶ putting _____ in a wide area

❷ _____ the water with sunlight and wind

❸ becoming salt _____

❹ storing salt crystals in a warehouse

❺ becoming _____

Chunk 끊어 읽기를 참고하여 빈칸을 채워 보세요.

끊어 읽는 법
1. **주어** 구분하기
2. **동사**와 **목적어** 구분하기
3. **수식어** 구분하기

1 Salt is _____ of the most _____ seasonings.
소금은 / 하나야 　　　 / 가장 기본적인 양념들 중에

2 Sunlight and wind _____ the water.
햇빛과 바람은 　　　　 / 건조시켜 　 / 그 물을

3 This process _____ only salt crystals _____.
이 과정은 　　 / 남겨 　　 / 소금 결정들만 그대로

4 After 6 months, they _____ _____.
6개월 뒤에 　　　 / 그것들은 / 먹을 수 있게 돼

5 There is _____ _____ bitterness and moisture.
없어 　　　　 / 더 이상의 쓴맛과 수분은

Check 패턴을 보고 알맞은 단어를 고르세요.

some + 불가산명사(또는 복수명사) 약간의 ~, 몇몇의 ~

❶ You can add some (salt | salts) to your soup. 수프에 소금을 약간 추가해도 돼.

❷ There are some (warehouse | warehouses) for salt. 소금을 위한 몇몇 창고가 있어.

22

Hidden Dangers in Our Snacks

우리의 간식에 숨겨진 위험

Word 단어를 익히고, 빈칸에 알맞게 써 보세요.

단어 음원

☐ worst	☐ allergy	☐ reaction	☐ include	☐ tree nuts
가장 나쁜	알레르기	반응, 증상	포함하다	견과류
☐ almond	☐ walnut	☐ account for	☐ far	☐ half
아몬드	호두	차지하다	훨씬	절반

1 포함하다
i

2 견과류
t

3
호두
w

4 차지하다
a

5
아몬드
a

6
50% 50%
절반
h

7 가장 나쁜
w

8 훨씬
f

 Sentence 알맞은 단어를 넣어 문장을 완성해 보세요.

1

알레르기

The _____ was far more serious this time.

그 알레르기는 이번에 훨씬 더 심각했어.

2

반응, 증상

Hives are a far more common _____ than vomiting.

두드러기가 구토보다 훨씬 더 흔한 증상이야.

Your favorite snack can be the **worst** one for your friend.

The reason for this is food **allergies**.

Some people may have a **reaction** within minutes.

Others may have <u>one</u> after a few hours.

Some common food **allergies include** milk and eggs.

Tree nuts, such as **almonds** and **walnuts**, are also one of the most common causes of food **allergies**.

These foods **account for far** more than **half** of all food allergic **reactions**.

favorite 가장 좋아하는
snack 간식
within ~ 안에
common 흔한
cause 원인
allergic 알레르기성의

Quiz
밑줄 친 <u>one</u>이 가리키는 것은 (food | reaction) 이다.

정답 reaction

Comprehension

1 글의 제목으로 가장 알맞은 것을 고르세요.

중심 내용

① 식품 알레르기 검사 방법

② 식품 알레르기 증상과 대처법

③ 식품 알레르기 유발 음식

2 글의 내용과 같으면 O, 다르면 X를 고르세요.

세부 내용

ⓐ 알레르기 반응은 적어도 한 시간 뒤에 나타난다.　　　　　(O | X)

ⓑ 우유, 계란, 견과류가 식품 알레르기의 주요 원인이다.　　(O | X)

3 빈칸에 알맞은 단어를 <Word Box>에서 찾아 쓰세요.

서술형
대비

Word Box	reaction	causes	hours	allergy

Be Careful of Food Allergies!

❶ An allergic _____ can occur within minutes or after a few _____.

❷ Many people have an _____ to milk or eggs.

❸ Tree nuts are also very common _____ of food allergies.

1 Your favorite snack can be _____ _____ one for your friend.

네가 가장 좋아하는 간식이　／ 최악의 것이 될 수 있어　　　　／ 네 친구에게는

2 The reason for this _____ food allergies.

이것의 원인은　　　／ 식품 알레르기야

3 Some people may have a _____ _____ minutes.

몇몇 사람들은　　／ 증상이 있을 수 있어　　　　／ 몇 분 내에

4 Some _____ food allergies _____ milk and eggs.

몇몇 흔한 식품 알레르기들은　　　　　　／ 포함해　　　／ 우유와 달걀을

5 These foods _____ _____ far more than half of all food _____ reactions.

이러한 식품들은 / 차지해　　　　　　／ 절반을 훨씬 넘게　　　　／ 전체 식품 알레르기 증상의

Check 패턴을 보고 알맞은 단어를 고르세요.

far, a lot, much, even + 비교급 형용사 훨씬 더 ~한

1 A food allergy sometimes can be far (dangerous | more dangerous)
than food poisoning. 식품 알레르기는 때로는 식중독보다 훨씬 더 위험할 수도 있어.

2 Cooked food is (more safer | much safer) in summer.
여름에는 익힌 음식이 훨씬 더 안전해.

Word Review

빈칸에 단어의 뜻을 써 보세요.

UNIT 01

1	air
2	dust
3	float
4	enter
5	luckily
6	sticky
7	liquid
8	mix
9	form
10	booger

UNIT 03

1	salt
2	basic
3	seasoning
4	wide
5	wind
6	crystal
7	behind
8	moist
9	warehouse
10	edible

UNIT 02

1	originally
2	rich
3	card
4	even
5	meal
6	ingredient
7	between
8	hand
9	recipe
10	kind

UNIT 04

1	worst
2	allergy
3	reaction
4	include
5	tree nuts
6	almond
7	walnut
8	account for
9	far
10	half

▶ 정답은 p11, p15, p19, p23를 참고하세요.

PART 02 Animals & Nature

Cats vs. Dogs: What's Your Choice?

고양이 vs. 개: 너의 선택은?

Word 단어를 익히고, 빈칸에 알맞게 써 보세요.

☐ pet	☐ totally	☐ personality	☐ generally	☐ active
반려동물	전체적으로	성격	일반적으로	활동적인

☐ independent	☐ require	☐ playful	☐ friendly	☐ bring
독립심이 강한	~을 필요로 하다	장난기 많은	다정한. 친근한	가져오다

① 가져오다
b

② 전체적으로
t

③ 독립심이 강한
i

④ 일반적으로
g

⑤ 활동적인
a

⑥ 성격
p

⑦ 반려동물
p

⑧ 다정한, 친근한
f

Sentence 알맞은 단어를 넣어 문장을 완성해 보세요.

①

장난기 많은

Both my dog and his dog are very _____.

나의 개와 그의 개 둘 다 아주 장난기가 많아.

both A and B A와 B 둘 다

②

~을 필요로 하다

Both cats and dogs _____ much affection.

고양이나 개나 모두 많은 애정을 필요로 해.

29

 **Story** ☐지문 듣기 ☐한 문장씩 따라 읽기 ☐스스로 읽기

 본문 음원

Are you a dog person or a cat person?

Both cats and dogs make great **pets**.

But the two have **totally** different **personalities**.

Cats are **generally** less **active** than dogs.

They don't need much exercise.

They're also very **independent**.

But as you know, dogs **require** more exercise and attention.

Most of them are very **playful** and **friendly**.

They can be your good friends.

Well, both can **bring** great joy to our lives!

dog person 애견인
cat person 애묘인
exercise 운동
attention 관심

Quiz

밑줄 친 They가 가리키는 것은 (cats | dogs) 이다.

30

정답 cats

Comprehension

1 글의 제목으로 가장 알맞은 것을 고르세요.

중심 내용

① 반려동물은 왜 키우는 거야?

② 고양이가 반려동물로는 최고지!

③ 고양이나 개나 우리의 좋은 친구야!

2 글의 내용과 같으면 O, 다르면 X를 고르세요.

세부 내용

ⓐ 고양이와 개는 성격이 많이 비슷하다.　　　　　　(O | X)

ⓑ 개는 주인과 더 많은 시간을 필요로 한다.　　　　(O | X)

3 빈칸에 알맞은 단어를 <Word Box>에서 찾아 쓰세요.

서술형 대비

| Word Box | active | exercise | friendly | independent |

Our Friends, Cats and Dogs

Cats

❶ You can leave us alone.

We're very _____.

We don't need much _____.

We're less _____ than dogs.

Dogs

❷ Why don't we take a walk?

We love exercise.

People say we're very playful and _____.

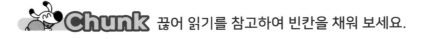

Chunk 끊어 읽기를 참고하여 빈칸을 채워 보세요.

1 _____ cats and dogs make great _____.

고양이들과 개들은 둘 다   / 훌륭한 반려동물이야

2 But the two have _____ different _____.

하지만 / 그 둘은   / 가지고 있어 / 완전히 다른 성격들을

3 Cats are generally _____ _____ than dogs.

고양이들은 / 일반적으로 덜 활동적이야   / 개들보다

4 Dogs _____ more exercise and _____.

개들은 / 필요로 해   / 더 많은 운동과 관심을

5 _____ of them are very _____ and friendly.

그들 대부분은   / 아주 장난기가 많고 친근해

Check 패턴을 보고 알맞은 단어를 고르세요.

복수 주어와 동사의 수 일치 주의!

> **both A and B** A와 B 둘 다

1 Both cats and dogs (feel | feels) emotions. 고양이와 개 둘 다 감정을 느껴.

2 Both Nathan and I (is | are) going to raise a pet. Nathan도 나도 둘 다 반려동물을 기를 거야.

A Desert without Sand?

모래 없는 사막?

단어 음원

Word 단어를 익히고, 빈칸에 알맞게 써 보세요.

☐ desert	☐ little	☐ all year	☐ few	☐ animal
사막	그다지, 별로	일 년 내내	적은. 많지 않은	동물
☐ probably	☐ sand	☐ Antarctica	☐ rarely	☐ call
아마	모래	남극	거의 ~하지 않는	~을 …라고 부르다

1 적은, 많지 않은
f

2 ~을 …라고 부르다
c

3 그다지, 별로
l

4 일 년 내내
a

5 거의 ~하지 않는
r

6 모래
s

7 아마
p

8 남극
A

Sentence 알맞은 단어를 넣어 문장을 완성해 보세요.

1

동물

Few _____s can handle hot and dry weather.

덥고 건조한 날씨를 견딜 수 있는 **동물**들은 거의 없어.

2

사막

There are few animals in a _____.

사막에는 동물들이 거의 없어.

33

Story

☐ 지문 듣기 ☐ 한 문장씩 따라 읽기 ☐ 스스로 읽기

Do you know about **deserts**?

It rains very **little** in a **desert all year**.

And **few** plants and **animals** live in a **desert**.

You **probably** think of **sand**, too.

But there can be snow and ice in a **desert**!

Think about **Antarctica**.

It is very dry, and it **rarely** rains there.

There also aren't many plants or **animals**.

Some people **call** this place a white **desert**!

know 알다
rain 비가 오다
plant 식물

Quiz

밑줄 친 <u>this place</u>가 가리키는 것은 (Antarctica | a desert) 이다.

34

정답 Antarctica

1 글의 주제로 가장 알맞은 것을 고르세요.

중심 내용

① 어떤 곳을 사막이라 부르는 걸까?

② 남극에도 여름이 찾아올까?

③ 사막에 사는 동물들이 궁금해?

2 글의 내용과 같으면 O, 다르면 X를 고르세요.

세부 내용

ⓐ 사막에는 폭우가 내리는 기간이 있다.　　　(O ｜ X)

ⓑ 눈을 볼 수 있는 사막도 있다.　　　(O ｜ X)

3 빈칸에 알맞은 단어를 <Word Box>에서 찾아 쓰세요.

서술형 대비

Word Box	plants	Antarctica	desert	rarely

Yes or No about Deserts

❶ Q: Does it often rain during summer?

A: No, it doesn't. It _____ rains.

❷ Q: Are there many _____ or animals?

A: No, there aren't.

❸ Q: Is there a desert with snow and ice?

A: Yes, there is. It's _____.

❹ Q: Does Antarctica have a nickname?

A: Yes, it is "a white _____!"

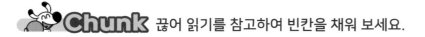**Chunk** 끊어 읽기를 참고하여 빈칸을 채워 보세요.

끊어 읽는 법
1. 주어 구분하기
2. 동사와 목적어 구분하기
3. 수식어 구분하기

1 _____ plants and animals live in a _____.

아주 적은 수의 식물들과 동물들이   / 살아   / 사막에

2 You _____ think of _____, too.

너는   / 아마   / 떠올릴 거야 / 모래도

3 But _____ _____ _____ snow and ice in a desert.

하지만 / ~이 있을 수 있어   / 눈과 얼음이   / 사막에

4 It is very dry, and it _____ _____ there.

아주 건조하고   / 비가 거의 내리지 않아   / 그곳에

5 Some people _____ _____ _____ a white desert.

어떤 사람들은   / 불러   / 이곳을   / 하얀 사막이라고

Check 패턴을 보고 알맞은 단어를 고르세요.

명사의 수나 양을 나타내는 수량 형용사 few / a few

few + 가산명사 아주 적은 ~, ~이 거의 없는 / a few + 가산명사 조금의 ~, 몇몇의 ~

① There are (few | a few) rainy days in the Sahara Desert.

사하라 사막에는 비 오는 날이 거의 없어.

② (Few | A few) types of cacti grow well in deserts. 몇몇 선인장 종류는 사막에서 잘 자라.

36

A Flying Animal in the Dark

어둠 속에서 나는 동물

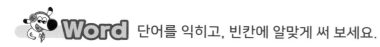 **Word** 단어를 익히고, 빈칸에 알맞게 써 보세요.

단어 음원

☐ cave	☐ bird	☐ mammal	☐ excellent	☐ hunt
동굴	새	포유동물	훌륭한, 뛰어난	사냥하다

☐ bounce off	☐ wall	☐ echo	☐ catch	☐ moth
반사되다	벽	메아리	잡다	나방

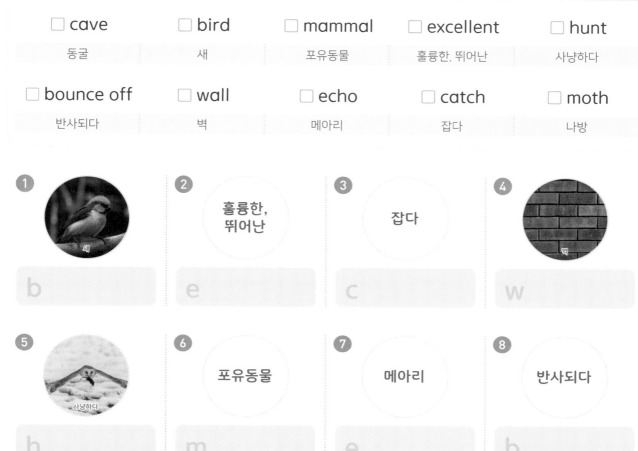

1 새
b

2 훌륭한, 뛰어난
e

3 잡다
c

4 벽
w

5 사냥하다
h

6 포유동물
m

7 메아리
e

8 반사되다
b

Sentence 알맞은 단어를 넣어 문장을 완성해 보세요.

1

나방

Do you know the name of that _____?

너는 저 **나방**의 이름을 아니?

2

동굴

Do not enter that shaking _____!

저기 흔들리는 **동굴**에 들어가지 마!

본문 음원

In a **cave**, there are black flying things.

They are bats.

Bats are not **birds**; they are **mammals**.

Bats have **excellent** hearing.

Thanks to their hearing, they are able to fly and **hunt** in the dark.

They make high-frequency sounds.

People can't hear these sounds.

The sounds **bounce off walls** and other things.

And <u>these</u> make **echoes**.

Bats' ears **catch** these **echoes** and find food like flying **moths**.

flying 날아다니는
bat 박쥐
hearing 청각, 청력
dark 어둠
high-frequency 고주파의
sound 소리

Quiz
밑줄 친 <u>these</u>가 가리키는 내용을 찾아 밑줄 그어 보세요.

정답 The sounds bounce off walls and other things.

Comprehension

1 글의 제목으로 가장 알맞은 것을 고르세요.

중심 내용

① 박쥐는 깜깜한 동굴에서 어떻게 먹이를 찾을까?

② 박쥐는 동굴에서 왜 거꾸로 매달려 있어?

③ 박쥐와 새의 차이가 궁금하니?

2 글의 내용과 같으면 O, 다르면 X를 고르세요.

세부 내용

ⓐ 박쥐는 조류에 속한다.　　　　　　　　　　　　　　(　O 　| 　X 　)

ⓑ 박쥐가 내는 고주파 소리는 인간은 들을 수 없다.　　(　O 　| 　X 　)

3 빈칸에 알맞은 단어를 <Word Box>에서 찾아 쓰세요.

서술형 대비

| Word Box | Mammals | caves | hearing | echoes |

Who Are You, Bats?

❶ Live in _____

❷ _____

❸ Excellent _____

❹ Make high-frequency sounds

❺ Catch _____ and find food

1 In a _____, there are black _____ things.
동굴 안에   / ~이 있어   / 검은색의 날아다니는 것들

2 Bats _____ excellent _____.
박쥐들은 / 가지고 있어   / 뛰어난 청력을

3 They are able to _____ _____ _____ in the dark.
그들은 / 날고 사냥할 수 있어   / 어둠 속에서

4 The sounds _____ _____ walls and other things.
그 소리들은   / 부딪쳐(튕겨져) 나와   / 벽과 다른 물체들에

5 Bats' ears _____ _____ _____.
박쥐의 귀는   / 잡아   / 이런 메아리들을

Check 패턴을 보고 알맞은 단어를 고르세요.

복수명사 끝에 s가 있는 경우에만!

복수명사의 소유격: -s' ~의

❶ The (birds' | birds's) food is insects. 그 새들의 먹이는 곤충이야.

❷ The (men's | men') restroom is upstairs. 남자 화장실은 위층에 있어.

UNIT 08

A Cactus Has Special Leaves!

선인장은 특별한 잎을 가지고 있어!

Word 단어를 익히고, 빈칸에 알맞게 써 보세요.

단어 음원

☐ cactus	☐ palm	☐ flat	☐ stem	☐ store
선인장	손바닥	평평한	줄기	저장하다

☐ spiky	☐ lose	☐ thin	☐ narrow	☐ adapt
뽀족뽀족한	잃다	얇은, 가는	좁은	맞추다, 적응하다

① 선인장

c

② 맞추다, 적응하다

a

③ 손바닥

p

④ 줄기

s

⑤ 잃다

l

⑥ 저장하다

s

⑦ 좁은

n

⑧ 평평한

f

Sentence 알맞은 단어를 넣어 문장을 완성해 보세요.

①
뽀족뽀족한

Look at this hedgehog.
How _____ it is!

이 고슴도치 좀 봐. 정말 **뽀족뽀족해**!

②
얇은, 가는

These stems are so _____.
How mysterious!

이 줄기들은 엄청 **가늘어**. 정말 신기해!

A prickly pear **cactus** looks like a **palm**.

The wide and **flat** part is not a leaf.

It's actually a **stem**. It **stores** water well.

You can also see some sharp and **spiky** things.

These are the leaves.

Wide leaves **lose** water easily in the hot sun of the desert.

So the leaves became **thin** and **narrow**.

They can keep as much water as possible.

The plant **adapted** to the desert environment.

How smart <u>it</u> is!

prickly pear cactus 부채선인장
leaf 잎(복수형은 leaves)
easily 쉽게

Quiz

밑줄 친 <u>it</u>이 가리키는 것은 (the cactus | the desert) 이다.

정답 the cactus

 **Comprehension**

1 글의 주제로 가장 알맞은 것을 고르세요.

중심 내용

① 부채선인장의 서식지

② 부채선인장의 잎과 줄기

③ 부채선인장의 종류

2 글의 내용과 같으면 O, 다르면 ✕를 고르세요.

세부 내용

ⓐ 부채선인장의 잎은 넓적하고 평평하다.   (O | ✕   )

ⓑ 부채선인장은 줄기에 물을 저장하고 있다.   (O | ✕   )

3 빈칸에 알맞은 단어를 <Word Box>에서 찾아 쓰세요.

서술형
대비

Word Box	narrow	store	flat	sharp	adapted

A prickly pear cactus is a smart plant.

❶ It is perfectly _____ to the dry and hot weather.

❷ Its stem is wide and _____.

❸ It can _____ water.

❹ Its leaves are very thin and _____.

❺ They are _____ and spiky like thorns!

Chunk 끊어 읽기를 참고하여 빈칸을 채워 보세요.

끊어 읽는 법
1. 주어 구분하기
2. 동사와 목적어 구분하기
3. 수식어 구분하기

1 The wide and _____ _____ is not a leaf.

그 넓고 **평평한** 부분은 / 잎이 아니야

2 You can see some _____ _____ _____ things.

너는 / 볼 수 있어 / **날카롭고 뾰족뾰족한** 것들을

3 Wide leaves _____ _____ easily in the hot sun of the desert.

넓적한 잎들은 / **잃어** / **물을** / 쉽게 / 사막의 뜨거운 태양에서

4 They can keep _____ _____ _____ _____ possible.

그것들은 / 보관할 수 있어 / **가능한 한 많은 물을**

5 The plant _____ _____ the desert environment.

그 식물은 / **적응했어** / **사막 환경에**

Check 패턴을 보고 알맞은 단어를 고르세요.

How 감탄문

How + 형용사/부사 (+ 주어 + 동사)! 정말 ~하구나!

① How big (is the leaf | the leaf is)! 잎이 정말 크구나!

② How mysterious (are these plants | these plants are)! 이 식물들은 정말 신비로워!

44

Word Review

빈칸에 단어의 뜻을 써 보세요.

UNIT 05

1	pet
2	totally
3	personality
4	generally
5	active
6	independent
7	require
8	playful
9	friendly
10	bring

UNIT 06

1	desert
2	little
3	all year
4	few
5	animal
6	probably
7	sand
8	Antarctica
9	rarely
10	call

UNIT 07

1	cave
2	bird
3	mammal
4	excellent
5	hunt
6	bounce off
7	wall
8	echo
9	catch
10	moth

UNIT 08

1	cactus
2	palm
3	flat
4	stem
5	store
6	spiky
7	lose
8	thin
9	narrow
10	adapt

▶ 정답은 p29, p33, p37, p41를 참고하세요.

PART 03 Culture & the World

Wise Words in One Sentence

한 문장 속 명언

Word 단어를 익히고, 빈칸에 알맞게 써 보세요.

☐ proverb	☐ contain	☐ wisdom	☐ past	☐ Ethiopia
속담	~이 들어 있다	지혜	과거	에티오피아

☐ message	☐ patient	☐ foolish	☐ value	☐ unnecessary
메시지	인내심 있는	어리석은	소중하게 여기다	불필요한

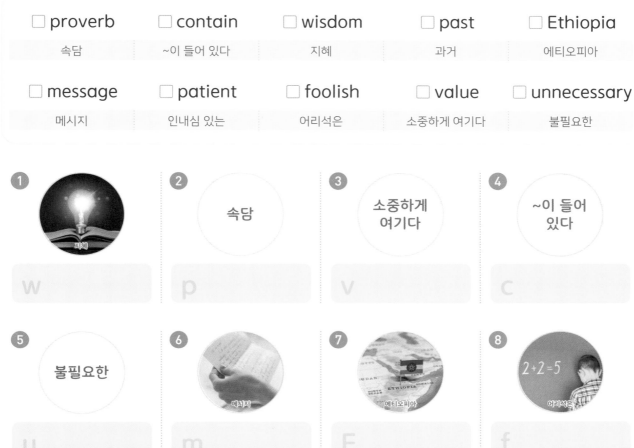

1
지혜
w

2
속담
p

3
소중하게
여기다
v

4
~이 들어
있다
c

5
불필요한
u

6
메시지
m

7
에티오피아
E

8
2 + 2 = 5
어리석은
f

Sentence 알맞은 단어를 넣어 문장을 완성해 보세요.

1

인내심 있는

Be _____, and you'll get a chance.

인내심을 가져, 그러면 기회가 올 거야.

2

과거

Forgive his mistakes in the _____, and he'll be grateful.

과거에 한 그의 실수는 잊어버려, 그러면 그는 고마워할 거야.

47

Story

☐ 지문 듣기 ☐ 한 문장씩 따라 읽기 ☐ 스스로 읽기

본문 음원

Proverbs contain the **wisdom** of people from the **past**.

Here are some interesting **proverbs**.

In **Ethiopia**, there is a saying, "One day, an egg will walk on its feet."

The **message** is "Be **patient**, and your wishes will come true."

People in Thailand say, "The dog protects the bones of the fish."

What does it mean?

Does the dog really need <u>the bones</u>? No.

Foolish people **value unnecessary** things and waste time. Aha!

interesting 재미있는
saying 속담, 격언
foot 발(복수형은 feet)
come true 이루어지다
Thailand 태국
mean 의미하다

Quiz
밑줄 친 <u>the bones</u>가 의미하는 것은 (important things | unnecessary things) 이다.

정답 unnecessary things

Comprehension

1 글의 주제로 가장 알맞은 것을 고르세요.

중심 내용

① 속담에 자주 등장하는 소재

② 속담에 들어 있는 교훈

③ 시대별 상반되는 속담

2 글의 내용과 같으면 O, 다르면 X를 고르세요.

세부 내용

ⓐ 소개된 에티오피아 속담은 추진력을 강조하고 있다.　　　　(O │ X)

ⓑ 소개된 태국 속담은 가치 판단력을 강조하고 있다.　　　　(O │ X)

3 빈칸에 알맞은 단어를 <Word Box>에서 찾아 쓰세요.

서술형 대비

| Word Box | unnecessary | waste | wishes | patient |

Case 1.

❶ My friend is not _____ and always worries about her future. So I wrote down an Ethiopian proverb for her.

❷ I hope her _____ come true.

Case 2.

❸ My friend spends too much time on _____ things. So I told her a Thai proverb.

❹ I hope she won't _____ time.

49

 **Chunk** 끊어 읽기를 참고하여 빈칸을 채워 보세요.

끊어 읽는 법
1. 주어 구분하기
2. 동사와 목적어 구분하기
3. 수식어 구분하기

1 Proverbs _____ the wisdom of people from the past.

속담에는 / 들어 있어 / 사람들의 지혜가 / 과거로부터의

2 Be _____, and your wishes will _____ _____.

인내심을 가져 / 그러면 너의 소원들이 / 이루어질 거야

3 People in _____ say, "The dog _____ the bones of the fish."

태국 사람들은 / 말해 / 개가 / 지킨다 / 생선의 뼈를

4 Does the dog really _____ _____ _____?

~하니 / 개가 / 정말로 필요해 / 그 뼈들이

5 _____ people _____ unnecessary things and waste time.

어리석은 사람들은 / 소중히 여겨 / 불필요한 것들을 / 그리고 낭비해 / 시간을

Check 패턴을 보고 알맞은 단어를 고르세요.

명령문, and ~ …해라, 그러면 ~

❶ Make a plan first, (and | or) you'll manage your time well.

먼저 계획을 세워, 그러면 시간을 잘 활용할 거야.

❷ (Ask | Asking) your parents, and they'll give you some advice.

부모님께 여쭤봐, 그러면 조언을 좀 해주실 거야.

A Giant but Lonely Island
거대하지만 외로운 섬

Word 단어를 익히고, 빈칸에 알맞게 써 보세요.

☐ island	☐ Canada	☐ big	☐ size	☐ South Korea
섬	캐나다	큰	크기	한국

☐ large	☐ uninhabited	☐ bad	☐ cold	☐ except for
큰, 많은	사람이 살지 않는	안 좋은, 나쁜	추운	~을 제외하고

❶ ~을 제외하고

e

❷ 큰

b

❸ 큰, 많은

l

❹ 사람이 살지 않는

u

❺ 크기

s

❻ 추운

c

❼ 안 좋은, 나쁜

b

❽ 한국

s

Sentence 알맞은 단어를 넣어 문장을 완성해 보세요.

❶
섬

No one lives on this _____.

이 섬에는 아무도 살지 않아.

❷
캐나다

No one knows about _____.

아무도 캐나다에 대해 알지 못해.

본문 음원

Devon **Island** is in **Canada**.

It is a **big island** about half the **size** of **South Korea**.

But no one lives there.

Devon **Island** is the **largest uninhabited island** in the world.

An **uninhabited island** may be an **island** with a **bad** environment for people.

Or it can be very far from land.

Devon **Island** is too **cold**.

People can't live there.

And it does not rain much.

No animals live there **except for** some birds.

live 살다
environment 환경
far 먼
land 육지
too 너무

Quiz
밑줄 친 It이 가리키는 것은 (Devon Island | an uninhabited island) 이다.

정답 Devon Island

 **Comprehension**

1 글의 주제로 가장 알맞은 것을 고르세요.

[중심 내용]

① 무인도에 서식하는 동식물

② 무인도의 기후 변화

③ 세계에서 가장 큰 무인도

2 글의 내용과 같으면 ○, 다르면 ✕를 고르세요.

[세부 내용]

ⓐ 데번 섬의 크기는 한국과 거의 비슷하다   (○ | ✕)

ⓑ 데번 섬에는 동식물이 하나도 없다.   (○ | ✕)

3 빈칸에 알맞은 단어를 <Word Box>에서 찾아 쓰세요.

[서술형 대비]

Word Box   island   cold   big   far

The Largest Uninhabited Island in Canada

---

❶ Devon is a _____ island.

❷ It is very _____ from land, and it's too _____.
It doesn't rain much there.

❸ So no one lives there. Only a few birds live on this giant
_____.

1 It is a big island about _____ the size of South Korea.

그것은 / 큰 섬이야　　　　/ 약 절반 크기의　　　　　　　　　/ 한국의

2 Devon Island is _____ _____ uninhabited island in the world.

데번 섬은　　　　/ 가장 큰 무인도야　　　　　　　　　　　/ 세계에서

3 Or it can be very _____ _____ _____.

아니면 / 그것은 / 아주 멀 수 있어　　　/ 육지로부터

4 Devon Island is _____ _____.

데번 섬은　　　　/ 너무 추워

5 And it _____ _____ _____ much.

그리고 / 비가 내리지 않아　　　　　　　　　　　/ 많이

Check 패턴을 보고 알맞은 단어를 고르세요.

3인칭 단수 취급

부정대명사 no one + 동사 아무도 ~하지 않다

① No one (know | knows) about the island. 아무도 그 섬에 대해 알지 못해.

② No one (is | are) interested in the uninhabited island.
아무도 그 무인도에 관심이 없어.

54

A Dragonfly on Your Fingertip

네 손끝에 잠자리

Word 단어를 익히고, 빈칸에 알맞게 써 보세요.

☐ map | ☐ Vietnam | ☐ introduce | ☐ toy | ☐ bamboo
지도 | 베트남 | 소개하다 | 장난감 | 대나무

☐ fingertip | ☐ edge | ☐ wiggle | ☐ challenge | ☐ balance
손가락 끝 | 끝, 가장자리 | 꿈틀거리다 | 도전하다 | 균형을 잡다

1
손가락 끝
f

2
장난감
t

3
베트남
V

4
지도
m

5
끝, 가장자리
e

6
대나무
b

7
꿈틀거리다
w

8
균형을 잡다
b

Sentence 알맞은 단어를 넣어 문장을 완성해 보세요.

1

도전하다

Who will _____ this time?

이번에는 누가 도전할 거야?

2

소개하다

Who can _____ a traditional toy?

누가 전통 장난감을 소개할 수 있니?

Look at this world **map**.

This country looks like the number 3, doesn't it?

It's **Vietnam**.

Let me **introduce** a traditional Vietnamese **toy**.

It is a *chuồn chuồn*. It means dragonfly.

Vietnamese people make it with **bamboo**, and its shape is like a dragonfly.

You can put <u>it</u> on your **fingertip** or on the **edge** of something.

Then, it **wiggles** just like a real dragonfly.

Challenge your friends!

Who can **balance** it the longest?

world 세계
look like ~처럼 보이다
traditional 전통적인
mean 의미하다
dragonfly 잠자리
shape 모양

Quiz

밑줄 친 <u>it</u>이 가리키는 것은   a dragonfly | *chuồn chuồn*   이다.

정답 *chuồn chuồn*

 **Comprehension**

1 글의 주제로 가장 알맞은 것을 고르세요.

중심 내용

① 베트남에 서식하는 곤충

② 베트남의 전통 스포츠

③ 베트남의 전통 장난감

2 글의 내용과 같으면 O, 다르면 ✕를 고르세요.

세부 내용

ⓐ 쭈온쭈온은 베트남어로 잠자리라는 뜻이다.　　　　　(　O　│　✕　)

ⓑ 쭈온쭈온은 잠자리를 잡기 위한 도구이다.　　　　　(　O　│　✕　)

3 빈칸에 알맞은 단어를 <Word Box>에서 찾아 쓰세요.

서술형
대비

| Word Box | bamboo | balance | shape |

A Traditional Vietnamese Toy, *chuồn chuồn*

❶ Its _____ is like a dragonfly.

❷ People make it with _____.

❸ People _____ it on their fingertips for as long as they can.

 **Chunk** 끊어 읽기를 참고하여 빈칸을 채워 보세요.

끊어 읽는 법
1. **주어** 구분하기
2. **동사와 목적어** 구분하기
3. **수식어** 구분하기

1 This country looks like the number 3, _____ _____?

이 나라는 / 보여 / 숫자 3처럼 / 그렇지 않니?

2 Let me _____ a _____ Vietnamese toy.

내가 / 소개할게 / 전통적인 베트남의 장난감을

3 You can put it on your _____ or on the _____ of something.

너는 / 놓을 수 있어 / 그것을 / 네 손가락 끝에 / 아니면 어떤 것의 가장자리에

4 Then, it _____ just like a real _____.

그러면 / 그것은 / **꿈틀거려** / 꼭 진짜 잠자리처럼

5 Who can balance it _____ _____?

누가 ~할 수 있을까 / 균형을 잡다 / 그것을 / 가장 오래

Check 패턴을 보고 알맞은 단어를 고르세요.

> **의문사 who + 동사 ~?** 누가 ~해?

1 (Who | What) can make this toy? 누가 이 장난감을 만들 수 있어?

2 (Who | When) will visit Vietnam? 누가 베트남에 갈 거야?

The Innovative and Creative Mayans

혁신적이고 창조적인 마야인들

단어 음원

Word 단어를 익히고, 빈칸에 알맞게 써 보세요.

☐ civilization	☐ bloom	☐ astronomy	☐ predict	☐ solar
문명	꽃을 피우다	천문학	예측하다	태양의

☐ lunar	☐ calendar	☐ mathematics	☐ stick	☐ dot
음력의	달력	수학	막대	점

1
천문학

a

2
태양의

s

3
꽃을 피우다

b

4
막대

s

5
음력의

l

6
점

d

7
수학

m

8
예측하다

p

Sentence 알맞은 단어를 넣어 문장을 완성해 보세요.

1

I put it on the _____.

내가 달력에 표시해 둘게.

2

문명

He knew a lot about Mayan

_____.

그는 마야 문명에 대해 많이 알고 있었어.

본문 음원

Mayan **civilization bloomed** mainly in Central America.

The Mayans had a high level of **astronomy**.

<u>They</u> could accurately **predict solar** eclipses and **lunar** eclipses.

And they understood that there are 365 days in a year.

They created a solar **calendar**.

They were particularly good at **mathematics**, too.

They knew about the concept of zero.

They used **sticks** and **dots** for numbers and made a type of picture writing.

Central America 중앙아메리카
understand(-understood) 이해하다
create 만들다, 창조하다
solar eclipse 일식
lunar eclipse 월식
concept 개념
picture writing 상형 문자

Quiz
밑줄 친 <u>They</u>가 가리키는 것은 (the Mayans | Central America) 이다.

정답 the Mayans

Comprehension

1 글의 제목으로 가장 알맞은 것을 고르세요.

중심 내용

① 마야 문명의 업적

② 일식과 월식의 원리

③ 마야 문명의 붕괴 이유

2 글의 내용과 같으면 〇, 다르면 ✕를 고르세요.

세부 내용

ⓐ 마야 사람들은 일식과 월식을 정확히 예측했다. (〇 | ✕)

ⓑ 마야 사람들은 수학보다 문학 능력이 뛰어났다. (〇 | ✕)

3 빈칸에 알맞은 단어를 <Word Box>에서 찾아 쓰세요.

서술형 대비

| Word Box | concept | calendar | numbers | predicted |

The Mayans' astronomy

❶ accurately _____ solar eclipses and lunar eclipses

❷ created a solar _____ with 365 days

The Mayans' mathematics

❸ knew about the _____ of zero

❹ used sticks and dots for _____

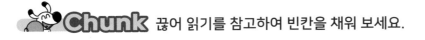 **Chunk** 끊어 읽기를 참고하여 빈칸을 채워 보세요.

끊어 읽는 법
1. 주어 구분하기
2. 동사와 목적어 구분하기
3. 수식어 구분하기

1 Mayan _____ _____ mainly in Central America.
마야 문명은   / 꽃을 피웠어   / 주로 중앙아메리카에서

2 They could _____ _____ solar eclipses and lunar eclipses.
그들은 / 정확히 예측할 수 있었어   / 일식과 월식을

3 And they _____ that there are 365 days in a year.
그리고 / 그들은 / 이해했어   / 365일이 있다는 것을   / 일 년에

4 They _____ a solar calendar.
그들은   / 만들었어   / 태양력을

5 They were particularly _____ _____ _____, too.
그들은 / 특별히 뛰어났어   / 수학에도

Check 패턴을 보고 알맞은 단어를 고르세요.

동사의 불규칙 과거형은
다 암기해야 해요!

have-had, know-knew, make-made, understand-understood

1 People in that era (know | knew) little about mathematics.
그 시대 사람들은 수학에 대해 거의 알지 못했어.

2 Who (makes | made) a solar calendar? 누가 태양력을 만들었어?

62

Word Review

빈칸에 단어의 뜻을 써 보세요.

UNIT 09

1	proverb	
2	contain	
3	wisdom	
4	past	
5	Ethiopia	
6	message	
7	patient	
8	foolish	
9	value	
10	unnecessary	

UNIT 11

1	map	
2	Vietnam	
3	introduce	
4	toy	
5	bamboo	
6	fingertip	
7	edge	
8	wiggle	
9	challenge	
10	balance	

UNIT 10

1	island	
2	Canada	
3	big	
4	size	
5	South Korea	
6	large	
7	uninhabited	
8	bad	
9	cold	
10	except for	

UNIT 12

1	civilization	
2	bloom	
3	astronomy	
4	predict	
5	solar	
6	lunar	
7	calendar	
8	mathematics	
9	stick	
10	dot	

▶ 정답은 p47, p51, p55, p59를 참고하세요.

PART 04 Life & Environment

Too Much Screen Time for Little Ones

어린아이들에게 너무 많은 영상 노출 시간

Word 단어를 익히고, 빈칸에 알맞게 써 보세요.

단어 음원

☐ tablet	☐ serious	☐ worldwide	☐ Sweden	☐ kindergarten
태블릿	심각한	전 세계적으로	스웨덴	유치원
☐ digital	☐ Finland	☐ textbook	☐ high school	☐ parent
디지털의	핀란드	교과서	고등학교	부모(아버지 또는 어머니)

1 전 세계적으로
w

2 교과서
t

3 심각한
s

4 부모
p

5 고등학교
h

6 스웨덴
S

7 디지털의
d

8 핀란드
F

Sentence 알맞은 단어를 넣어 문장을 완성해 보세요.

1

유치원

Teachers must not give phones to kids in _____ s .

선생님들은 유치원에서 아이들에게 핸드폰을 주면 안 돼.

2

태블릿

Children under 5 must not use _____ s for learning.

5살 미만의 아이들은 학습을 위해 태블릿을 사용하면 안 돼.

These days, even young children are watching videos on smartphones and **tablets**.

This is a **serious** problem **worldwide**.

In **Sweden**, teachers and children must not use **tablets** in **kindergartens**.

And children under six do not use **digital** learning at all.

In **Finland**, students don't use **digital textbooks** until **high school**.

Children's brains need their **parents'** attention, picture books, and beautiful nature, not screens or videos.

these **days** 요즘
young 어린
problem 문제
under ~ 미만인
picture book 그림책

Quiz
밑줄 친 This가 가리키는 내용을 찾아 밑줄 그어 보세요.

정답 These days, even young children are watching videos on smartphones and tablets.

Comprehension

1 글의 제목으로 가장 알맞은 것을 고르세요.

중심 내용

① 어린이들에게 다양한 주제의 책을 읽어 주세요!

② 어린이들의 스마트 기기 사용을 제한해 주세요!

③ 어린이들의 디지털 학습에 대해 미리 공부하세요!

2 글의 내용과 같으면 ○, 다르면 X를 고르세요.

세부 내용

ⓐ 스웨덴의 유치원에서는 태블릿을 사용하지 않는다. (○ | X)

ⓑ 핀란드의 중학생들은 디지털 교과서를 사용한다. (○ | X)

3 빈칸에 알맞은 단어를 <Word Box>에서 찾아 쓰세요.

서술형
대비

Word Box problem textbooks kindergartens tablets

❶ Today, too many young children are using smartphones and

_____.

❷ This is a big _____ around the world.

❸ In Sweden, children in _____ cannot use tablets.
They do not use digital learning at all.

❹ In Finland, only high school students use digital
_____. How about in Korea?

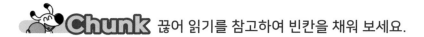

Chunk 끊어 읽기를 참고하여 빈칸을 채워 보세요.

끊어 읽는 법
1. 주어 구분하기
2. 동사와 목적어 구분하기
3. 수식어 구분하기

1 These days, _____ _____ _____ are watching videos on smartphones and tablets.

요즘에는 / 어린아이들조차 / 영상을 보고 있어 / 스마트폰과 태블릿으로

2 This is a serious problem _____.

이것은 / 심각한 문제야 / 전 세계적으로

3 In Sweden, teachers and children _____ _____ _____ tablets in kindergartens.

스웨덴에서는 / 교사들과 아이들은 / 사용하면 안 돼 / 태블릿을 / 유치원에서

4 And children _____ _____ do not use digital learning at all.

그리고 / 여섯 살 미만의 아이들은 / 사용하지 않아 / 디지털 학습을 / 전혀

5 In Finland, students don't use digital textbooks _____ _____ _____.

핀란드에서는 / 학생들은 / 사용하지 않아 / 디지털 교과서를 / 고등학교에 갈 때까지   * not ~ until ...
: ...가 되어서야 ~하다

Check 패턴을 보고 알맞은 단어를 고르세요.

조동사 must의 부정(강한 금지)

must not + 동사원형 ~하면 안 된다

1 The kid must (not play | not playing) games on her smartphone yet.
그 아이는 아직 스마트폰으로 게임을 해서는 안 돼.

2 You must (watch | not watch) videos on tablets during mealtimes.
너는 식사 시간에 태블릿으로 동영상을 보지 말아야 해.

A Better Avocado Choice

더 좋은 아보카도 선택

단어 음원

Word 단어를 익히고, 빈칸에 알맞게 써 보세요.

☐ avocado	☐ fat	☐ fiber	☐ space	☐ harm
아보카도	지방, 기름	섬유질	공간, 장소	해치다

☐ completely	☐ local	☐ organic	☐ fewer	☐ chemicals
완전히	지역의, 현지의	유기농의	더 적은	화학 약품

1
지방, 기름

f

2
공간, 장소

s

3
아보카도

a

4
더 적은

f

5
해치다

h

6
섬유질

f

7
화학 약품

c

8
완전히

c

Sentence 알맞은 단어를 넣어 문장을 완성해 보세요.

1

지역의, 현지의

Why don't we buy _____ products?

지역 제품을 사는 게 어때요?

2

유기농의

Why don't we watch some videos about _____ farming?

유기 농업에 관한 영상을 좀 보는 게 어떨까?

Avocados are quite popular these days.

They have healthy **fats**, **fiber**,

and many vitamins.

But there are some issues.

They need a lot of water and **space**.

People have to cut down trees, use up soil, and

use a lot of water.

<u>This</u> can **harm** the environment.

We don't have to stop eating **avocados completely,**

but we can find a balance.

Why don't we buy **local** and **organic avocados**

with **fewer chemicals**?

quite 꽤
popular 인기 있는
these days 요즘
vitamin 비타민
cut down 자르다
use up 다 써 버리다
soil 흙, 토양

Quiz
밑줄 친 <u>This</u>가 가리키는 내용을 찾아 밑줄 그어 보세요.

정답 People have to cut down trees, use up soil, and use a lot of water.

Comprehension

1 글의 제목으로 가장 알맞은 것을 고르세요.

중심 내용

① 영양 만점, 아보카도!

② 아보카도는 이렇게 자라!

③ 아보카도에 대해 알아 둘 게 있어!

2 글의 내용과 같으면 O, 다르면 X를 고르세요.

세부 내용

ⓐ 아보카도는 단백질이 풍부한 과일이다.   (O | X)

ⓑ 아보카도는 재배할 때 많은 물을 필요로 한다.   (O | X)

3 빈칸에 알맞은 단어를 <Word Box>에서 찾아 쓰세요.

서술형
대비

Word Box	chemicals	healthy	space	local

Two Sides of the Same Coin: the Avocado

Good 😊

❶ tasty and _____

❷ rich in fats, fiber, and vitamins

Bad ☹

❸ requires a lot of water

❹ needs a lot of _____

Solution

❺ Buy _____ and organic avocados!
They have fewer _____!

Chunk 끊어 읽기를 참고하여 빈칸을 채워 보세요.

1 They have _____ _____, fiber, and many vitamins.

그것들은 / 가지고 있어 / **몸에 좋은 지방**, 섬유질, 그리고 많은 비타민을

2 But there are _____ _____.

하지만 / 있어 / **몇몇 논쟁거리들이**

3 People have to cut down trees, _____ _____ _____, and use a lot of water.

사람들은 / 잘라야 해 / 나무를 / 다 써 버려 / 토양을 / 그리고 써 / 많은 물을

4 This can _____ _____ _____.

이것은 / **해칠 수 있어** / **환경을**

5 We _____ _____ _____ stop eating avocados completely.

우리는 / 멈출 필요는 없어 / 아보카도 먹는 것을 / 완전히

Check 패턴을 보고 알맞은 단어를 고르세요.

청유형: ~하는 게 어때?

Why don't we + 동사원형 ~? ~하는 게 어때?

1 Why don't we (eat | eating) local food? 현지 음식을 먹는 게 어때?

2 Why don't we (research | researching) more about avocados?
아보카도에 대해 더 조사해 보는 게 어때?

Think Before You Throw Away
버리기 전에 생각해

Word 단어를 익히고, 빈칸에 알맞게 써 보세요.

단어 음원

□ as soon as	□ electronic	□ e-waste	□ toxic	□ increase
~하자마자	전자의	전자 폐기물	유독성의	증가하다

□ average	□ buy	□ twice	□ repair	□ shop
평균	사다	두 번, 두 배로	수리, 수선	가게

① 사다
b

② 전자 폐기물
e

③ 평균
a

④ 수리, 수선
r

⑤ 가게
s

⑥ ~하자마자
a

⑦ 증가하다
i

⑧ 두 번, 두 배로
t

Sentence 알맞은 단어를 넣어 문장을 완성해 보세요.

①
유독성의

Don't touch it as it has
_____ chemicals.

그건 독성 화학 물질이 있으니까 만지지 마.

②
전자의

People throw away their
_____ devices too often.

사람들이 전자 기기들을 너무 자주 버려.

본문 음원

You throw your mobile phone away **as soon as** you have a new one.

Your old phone becomes **electronic** waste, or **e-waste**.

E-waste contains **toxic** chemicals.

<u>They</u> can harm our health and the environment.

E-waste from mobile phones is particularly **increasing**.

On **average**, people use their mobile phones for just over two years.

Are you going to **buy** a new phone?

You should think **twice**.

Do you really need a new one?

Why don't you visit a **repair shop** first?

throw away 버리다
new 새로운
health 건강
think 생각하다

Quiz

밑줄 친 <u>They</u>가 가리키는 것은 (mobile phones | toxic chemicals) 이다.

정답 toxic chemicals

Comprehension

1 글의 주제로 가장 알맞은 것을 고르세요.

① 핸드폰의 평균 교체 주기

② 늘어나는 전자 폐기물 문제

③ 전자제품 내 독성 물질의 진실

2 글의 내용과 같으면 O, 다르면 ×를 고르세요.

ⓐ 전자 폐기물에 유독 물질이 들어 있다.　　　　(O | ×)

ⓑ 많은 사람들이 핸드폰을 1년 미만으로 사용한다.　　(O | ×)

3 빈칸에 알맞은 단어를 <Word Box>에서 찾아 쓰세요.

Word Box	contains	throw	repair	electronic

Already Changing Your Phone?

❶ You bought a new mobile phone a few days ago. Now you _____ away your old phone.

❷ It becomes _____ waste. E-waste is an environmental problem.

❸ And e-waste _____ toxic chemicals.

❹ Let's not change our phones too often. Is it broken? Then visit a _____ shop before you buy a new one.

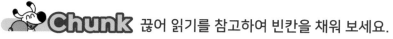 **Chunk** 끊어 읽기를 참고하여 빈칸을 채워 보세요.

1 You throw your mobile phone away as soon as you have _____ _____ _____.

너는 / 버려 / 너의 핸드폰을 / 네가 가지자마자 / 새 것을

2 E-waste contains _____ _____.

전자 폐기물에는 / 들어 있어 / 독성 화학 물질들이

3 E-waste from mobile phones _____ particularly _____.

전자 폐기물은 / 핸드폰으로부터 나오는 / 특히 증가하고 있어

4 _____ _____, people use their mobile phones for just over two years.

평균적으로 / 사람들은 / 사용해 / 그들의 핸드폰을 / 2년 조금 넘게

5 Why don't you visit a _____ _____ first?

~하는 게 어때 / 방문하다 / 수리점을 / 먼저

Check 패턴을 보고 알맞은 단어를 고르세요.

시간 전치사 for

for + 일정 기간 ~동안

❶ I used my mobile phone (for | since) two years. 나는 내 핸드폰을 2년 동안 썼어.

❷ I studied English (for | since) three hours. 나는 3시간 동안 영어 공부를 했어.

The Struggles of Chinstrap Penguins

턱끈펭귄들의 분투

Word 단어를 익히고, 빈칸에 알맞게 써 보세요.

단어 음원

☐ penguin	☐ main	☐ band	☐ chin	☐ pair
펭귄	주된	띠, 끈	턱	쌍, 짝

☐ cause	☐ habitat	☐ krill	☐ scarce	☐ decrease
원인	서식지	크릴새우	드문, 부족한	줄다, 줄이다

1 드문, 부족한

s

2 줄다, 줄이다

d

3 펭귄

p

4 원인

c

5 주된

m

6 띠, 끈

b

7 크릴새우

k

8 쌍, 짝

p

Sentence 알맞은 단어를 넣어 문장을 완성해 보세요.

1

턱

This penguin has a black band across its _____.

이 펭귄은 턱에 검은 띠가 있어.

2

서식지

Their _____ across Antarctica is in danger now.

남극 전역에 걸쳐 있는 그들의 서식지는 현재 위험에 처해 있어.

The chinstrap **penguin** is one of the **main** animals in Antarctica. Just like its name indicates, it has a black **band** across its **chin**.

Many chinstrap **penguins** live on Elephant Island in Antarctica.

There were more than 120,000 **pairs** in 1971.

However, there are only 50,000 **pairs** now.

That is 70,000 fewer **pairs**!

Climate change is the **main cause**.

<u>It</u> destroyed the **habitat** of **krill**.

Krill is the **penguins'** main food.

The food became **scarce**, so the number of **penguins** also **decreased**.

chinstrap penguin 턱끈펭귄
indicate 나타내다
climate change 기후 변화
destroy 파괴하다
main food 주식

Quiz

밑줄 친 <u>It</u>이 가리키는 것은 (climate change | the penguin's food) 이다.

78

Comprehension

1 글의 제목으로 가장 알맞은 것을 고르세요.

중심 내용

① 남극에 서식하는 펭귄의 종류

② 위험에 처한 턱끈펭귄의 서식지

③ 턱끈펭귄의 다양한 먹이

2 글의 내용과 같으면 O, 다르면 ✕를 고르세요.

세부 내용

ⓐ 1971년보다 턱끈펭귄의 수가 반 이상 줄었다.　　　(　O　 | 　✕　)

ⓑ 턱끈펭귄의 먹이가 다양해졌다.　　　(　O　 | 　✕　)

3 빈칸에 알맞은 단어를 <Word Box>에서 찾아 쓰세요.

서술형
대비

| Word Box | scarce | pairs | Antarctica | destroyed |

Where did they all go?

❶ About 50 years ago, there were more than 120,000 pairs of chinstrap penguins in _____.

❷ But there are only 50,000 _____ now.

❸ Climate change _____ the habitat of krill, the penguins' main food.

❹ Their food became _____, so the number of penguins decreased as well.

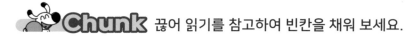
Chunk 끊어 읽기를 참고하여 빈칸을 채워 보세요.

1 Just like its name indicates, it has a black band across _____ _____.

꼭 그것의 이름이 나타내는 것처럼 / 그것은 / 가지고 있어 / 검은색 띠를 / 그것의 턱에

2 There were _____ _____ 120,000 pairs in 1971.

있었어 / 12만 쌍 이상이 / 1971년에

3 _____ _____ is the main cause.

기후 변화가 / 주요 원인이야

4 It destroyed the _____ _____ krill.

그것은 / 파괴했어 / 크릴새우의 서식지를

5 The food _____ _____, so the number of penguins also decreased.

먹이가 / 부족해졌어 / 그러자 펭귄들의 수는 / 또한 줄었어

Check 패턴을 보고 알맞은 단어를 고르세요.

방향 전치사

across 가로질러 / 건너편에 / (신체 어느 부위) ~에 / ~ 전체에 걸쳐

1 There are many penguins (at | across) a few islands in Antarctica.

남극에는 몇 개의 섬에 걸쳐 많은 펭귄들이 있어.

2 Some animals have unique characteristics (at | across) their faces.

몇몇 동물들은 얼굴에 독특한 특징들을 가지고 있어.

80

Word Review

빈칸에 단어의 뜻을 써 보세요.

UNIT 13	
1 tablet	
2 serious	
3 worldwide	
4 Sweden	
5 kindergarten	
6 digital	
7 Finland	
8 textbook	
9 high school	
10 parent	

UNIT 15	
1 as soon as	
2 electronic	
3 e-waste	
4 toxic	
5 increase	
6 average	
7 buy	
8 twice	
9 repair	
10 shop	

UNIT 14	
1 avocado	
2 fat	
3 fiber	
4 space	
5 harm	
6 completely	
7 local	
8 organic	
9 fewer	
10 chemicals	

UNIT 16	
1 penguin	
2 main	
3 band	
4 chin	
5 pair	
6 cause	
7 habitat	
8 krill	
9 scarce	
10 decrease	

▶ 정답은 p65, p69, p73, p77를 참고하세요.

MEMO

바빠 초등
영어 리딩 3
받아쓰기 연습

① QR코드로 받아쓰기 음원을 듣고 빈칸에 단어를 채워 보세요.
② 정답을 확인한 후, 틀린 부분만 집중해서 다시 들어 보면 최고!

틀린 문제를 스스로 확인하는 습관을 들이면, 아무리 바쁘더라도 공부 실력을 키울 수 있어요!

Thank You, Nose Hairs!

*들려주는 문장을 잘 듣고, 빈칸에 알맞은 단어를 써 보세요.

Air purifiers clean out _____ in the _____.

Just like air purifiers, _____ _____ do the same job in our bodies.

Dust and germs _____ in the air and can _____ our bodies.

_____, nose hairs are able to filter them out!

_____ _____ in the nose _____ with the dust on the nose hairs.

It _____ _____ and forms boogers.

So _____ mean this: Our bodies are working hard and protecting themselves!

▶ 정답은 p12에서 확인하세요.

The Story behind the Sandwich

본문 음원

*들려주는 문장을 잘 듣고, 빈칸에 알맞은 단어를 써 보세요.

Sandwich is _____ not the name of a food.

It's the name of a village in England.

_____ _____ _____ in that area was the Earl of Sandwich.

He loved _____ _____ very much.

He didn't even have time for _____.

So he put all the ingredients of a meal _____ _____.

He could play cards with _____ _____ and eat with _____ _____ _____.

This _____ became popular, and people called this _____ _____ food a sandwich!

▶ 정답은 p16에서 확인하세요.

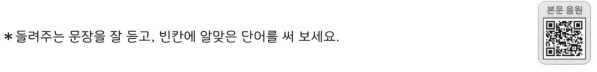

본문 음원

＊들려주는 문장을 잘 듣고, 빈칸에 알맞은 단어를 써 보세요.

Salt is one of the most _____ _____.

_____ do people make salt?

They put seawater in a _____ area.

Sunlight and wind _____ the water.

This _____ leaves only salt crystals behind.

These crystals have a bitter taste and are _____ _____.

After 6 months to a year in a _____ _____, they become _____.

There is _____ _____ bitterness and moisture.

▶ 정답은 p20에서 확인하세요.

Hidden Dangers in Our Snacks

*들려주는 문장을 잘 듣고, 빈칸에 알맞은 단어를 써 보세요.

본문 음원

Your favorite snack can be _____ _____ _____ for your friend.

The _____ for this is food allergies.

Some people may have a _____ within minutes.

_____ may have one after a few hours.

Some common _____ _____ include milk and eggs.

Tree nuts, such as almonds and walnuts, are also _____ _____ the most common causes of food allergies.

These foods _____ _____ far more than half of all food allergic reactions.

▶ 정답은 p24에서 확인하세요.

Cats vs. Dogs: What's Your Choice?

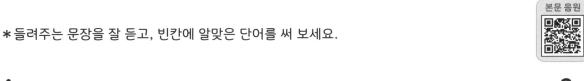

*들려주는 문장을 잘 듣고, 빈칸에 알맞은 단어를 써 보세요.

본문 음원

Are you ____ _____ _____ or ____ _____ _____?

Both cats and dogs make great _____.

But the two have totally _____ _____.

Cats are generally less _____ than dogs.

_____ _____ need much exercise.

They're also very _____.

But as you know, dogs _____ more exercise and attention.

Most of them are very _____ and _____.

They can be your _____ friends.

Well, both can _____ great joy to our lives!

▶ 정답은 p30에서 확인하세요.

A Desert without Sand?

본문 음원

＊들려주는 문장을 잘 듣고, 빈칸에 알맞은 단어를 써 보세요.

Do you know about _____?

It rains very little in a desert _____ _____.

And _____ plants and _____ live in a desert.

You probably _____ ____ _____, too.

But there can be _____ and _____ in a desert!

Think about _____.

It is very dry, and it _____ _____ there.

_____ also _____ many plants or animals.

Some people call this place a white _____!

▶ 정답은 p34에서 확인하세요.

A Flying Animal in the Dark

본문 음원

* 들려주는 문장을 잘 듣고, 빈칸에 알맞은 단어를 써 보세요.

In a _____, there are black flying things.

They are _____.

Bats are not _____; they are _____.

Bats have excellent _____.

Thanks to their hearing, they _____ _____ _____ fly and hunt in the dark.

They make high-frequency _____.

People _____ hear these sounds.

The sounds _____ ____ walls and other things.

And these make _____.

Bats' ears catch these echoes and find food like _____ _____.

▶ 정답은 p38에서 확인하세요.

A Cactus Has Special Leaves!

본문 음원

＊들려주는 문장을 잘 듣고, 빈칸에 알맞은 단어를 써 보세요.

A prickly pear cactus _____ _____ a palm.

The wide and flat part _____ _____ a leaf.

It's actually a _____. It _____ water well.

You can also see _____ sharp and spiky things.

_____ _____ the leaves.

Wide leaves _____ water easily in the hot sun of the desert.

So the leaves became _____ and _____.

They can keep _____ much water _____ _____.

The plant _____ _____ the desert environment.

_____ _____ it is!

▶ 정답은 p42에서 확인하세요.

Wise Words in One Sentence

*들려주는 문장을 잘 듣고, 빈칸에 알맞은 단어를 써 보세요.

본문 음원

_____ contain the wisdom of people from the past.

_____ _____ some interesting proverbs.

In Ethiopia, there is a _____, "One day, an egg will walk on its feet."

The message is "_____ _____, and your wishes will come true."

People ____ _____ say, "The dog protects the bones of the fish."

What does it _____?

Does the dog really need the _____? No.

_____ people value unnecessary things and waste time. Aha!

▶ 정답은 p48에서 확인하세요.

A Giant but Lonely Island

본문 음원

＊들려주는 문장을 잘 듣고, 빈칸에 알맞은 단어를 써 보세요.

Devon Island is in _____.

It is a _____ island about half the size of South Korea.

But _____ _____ lives there.

Devon Island is _____ _____ uninhabited island in the world.

An uninhabited island may be an island with a _____ environment for people.

Or it can be very _____ _____ land.

Devon Island is _____ _____.

People _____ live there.

And it _____ _____ rain much.

_____ animals live there except for some birds.

▶ 정답은 p52에서 확인하세요.

A Dragonfly on Your Fingertip

본문 음원

* 들려주는 문장을 잘 듣고, 빈칸에 알맞은 단어를 써 보세요.

_____ _____ this world map.

This country looks like the number 3, _____
_____?

It's _____.

Let me _____ a traditional Vietnamese toy.

It is a *chuồn chuồn*. It means _____.

Vietnamese people make it with _____, and its shape is like a dragonfly.

You can put it on your _____ or on the edge of something.

Then, it wiggles just _____ a real dragonfly.

_____ your friends!

Who can balance it _____ _____?

▶ 정답은 p56에서 확인하세요.

＊들려주는 문장을 잘 듣고, 빈칸에 알맞은 단어를 써 보세요.

Mayan civilization _____ mainly in Central America.

The Mayans had a high level of _____.

They could accurately predict _____ eclipses and _____ eclipses.

And they _____ that there are 365 days in a year.

They _____ a solar calendar.

They were particularly _____ ____ mathematics, too.

They _____ about the concept of zero.

They used _____ and _____ for numbers and made a type of picture writing.

▶ 정답은 p60에서 확인하세요.

Too Much Screen Time for Little Ones

본문 음원

＊들려주는 문장을 잘 듣고, 빈칸에 알맞은 단어를 써 보세요.

These days, even young children _____ _____ videos on smartphones and tablets.

This is a _____ problem worldwide.

In Sweden, teachers and children _____ _____ use tablets in kindergartens.

And children _____ _____ do not use digital learning at all.

In Finland, students _____ _____ digital textbooks until high school.

Children's brains _____ their parents' attention, picture books, and beautiful nature, _____ screens or videos.

▶ 정답은 p66에서 확인하세요.

A Better Avocado Choice

*들려주는 문장을 잘 듣고, 빈칸에 알맞은 단어를 써 보세요.

본문 음원

_____ are quite popular these days.

They have healthy _____, _____, and many

_____.

But _____ _____ some issues.

They need a lot of _____ and _____.

People have to cut down trees, _____ _____ soil,

and use a lot of water.

This can _____ the environment.

_____ _____ _____ ____ stop eating avocados

completely, but we can find a _____.

_____ _____ _____ buy local and organic avocados

with fewer chemicals?

▶ 정답은 p70에서 확인하세요.

Think Before You Throw Away

본문 음원

＊들려주는 문장을 잘 듣고, 빈칸에 알맞은 단어를 써 보세요.

You _____ your mobile phone away as soon as you have a new one.

Your old phone becomes electronic waste, or _____.

E-waste _____ toxic chemicals.

They can _____ our health and the environment.

E-waste from mobile phones is particularly _____.

_____ _____, people use their mobile phones for just over two years.

_____ _____ _____ _____ buy a new phone?

_____ should think twice.

Do you really need a _____ _____?

_____ _____ _____ visit a repair shop first?

▶ 정답은 p74에서 확인하세요.

The Struggles of Chinstrap Penguins

본문 음원

*들려주는 문장을 잘 듣고, 빈칸에 알맞은 단어를 써 보세요.

The chinstrap penguin is one of the _____ _____ in Antarctica.

Just like its name indicates, it has a black band across _____ _____.

Many chinstrap penguins live on _____ _____ in Antarctica.

There were _____ _____ 120,000 pairs in 1971.

However, _____ _____ only 50,000 pairs now.

That is 70,000 _____ _____!

Climate change is the _____ _____.

It destroyed the _____ of krill.

Krill is the penguins' main _____.

The food became _____, and the number of penguins also _____.

▶ 정답은 p78에서 확인하세요.

MEMO

바빠 초등

영어 리딩 3

정답 및 해석

① 정답을 확인한 후 틀린 문제는 ★표를 쳐 놓으세요.

② 틀린 문제는 다시 한 번 풀어 보세요.

내가 틀린 문제를 스스로 확인하는 습관을 들이면, 아무리 바쁘더라도 공부 실력을 키울 수 있어요!

Thank You, Nose Hairs!

| Word | ▶11쪽 | ❶ mix | ❷ air | ❸ luckily | ❹ liquid |
| | | ❺ dust | ❻ booger | ❼ sticky | ❽ form |

| Sentence | ▶11쪽 | ❶ is able to float | ❷ is able to enter |

| Comprehension | ▶13쪽 | 1 ①   2 ⓐ ✕ ⓑ ✕   3 ❶ filter ❷ liquid, form ❸ nose hairs |

| Chunk | ▶14쪽 | 1 clean, dust   2 germs float
3 able, filter   4 liquid
5 protecting themselves |

| Check | ▶14쪽 | ❶ are, fight   ❷ is, filter |

🐶 Story 문장 해석

Air purifiers clean out dust in the air.
공기 청정기는 공기 중의 먼지를 깨끗하게 치워.

Just like air purifiers, nose hairs do the same job in our bodies.
공기 청정기처럼 코털은 우리 몸에서 같은 일을 해.

Dust and germs float in the air and can enter our bodies.
먼지와 세균은 공기 중에 떠다니다가 우리 몸에 들어올 수 있어.

Luckily, nose hairs are able to filter them out!
다행히 코털은 그것들(먼지와 세균)을 걸러 낼 수 있어!

Sticky liquid in the nose mixes with the dust on the nose hairs.
코안의 끈적한 액체는 코털의 먼지와 섞여.

It becomes hard and forms boogers.
이것이 딱딱해져서 코딱지가 만들어져.

So boogers mean this: Our bodies are working hard and protecting themselves!
그래서 코딱지는 이것을 의미해: 우리 몸이 열심히 일하고 있고 스스로를 보호하고 있어!

The Story behind the Sandwich

| Word | ▶15쪽 | ❶ rich | ❷ even | ❸ hand | ❹ meal |
| | | ❺ kind | ❻ originally | ❼ card | ❽ between |

| Sentence | ▶15쪽 | ❶ ingredients | ❷ recipes |

| Comprehension | ▶17쪽 | 1 ① | 2 ⓐ × ⓑ × | 3 ❷ meals, ingredients | ❸ one, other |

Chunk	▶18쪽	1 originally, name		2 even, meals
		3 put, ingredients, between		4 the other
		5 called, kind		

| Check | ▶18쪽 | ❶ the other | ❷ one |

🐶 Story 문장 해석

Sandwich is originally not the name of a food.
샌드위치는 원래 음식의 이름이 아니야.

It's the name of a village in England.
그것은 영국에 있는 한 마을의 이름이야.

The rich person in that area was the Earl of Sandwich.
그 지역의 부자는 샌드위치 백작이었어.

He loved card games very much.
그는 카드 게임을 아주 좋아했어.

He didn't even have time for meals.
그는 심지어 식사할 시간조차 없었어.

So he put all the ingredients of a meal between bread.
그래서 그는 빵 사이에 식사 재료들을 모두 넣었어.

He could play cards with one hand and eat with the other hand.
그는 한 손으로는 카드 게임을 하고, 다른 한 손으로는 먹을 수 있었어.

This recipe became popular, and people called this kind of food a sandwich!
이 요리법은 인기 있게 되었고, 사람들은 이런 종류의 음식을 샌드위치라고 불렀어!

Salt Needs Sun, Wind, and Time

| Word | ▶19쪽 | ❶ warehouse | ❷ seasoning | ❸ salt | ❹ moist |
| | | ❺ basic | ❻ wind | ❼ behind | ❽ wide |

| Sentence | ▶19쪽 | ❶ crystals | ❷ edible |

| Comprehension | ▶21쪽 | 1 ③　　2 ⓐ ✕ ⓑ ✕ |
| | | 3 ❶ seawater　❷ drying　❸ crystals　❺ edible |

Chunk	▶22쪽	1 one, basic	2 dry
		3 leaves, behind	4 become edible
		5 no more	

| Check | ▶22쪽 | ❶ salt | ❷ warehouses |

🐶 Story 문장 해석

Salt is one of the most basic seasonings.
소금은 가장 기본적인 양념들 중 하나야.

How do people make salt?
사람들은 소금을 어떻게 만들까?

They put seawater in a wide area.
그들은 넓은 장소에 바닷물을 넣어.

Sunlight and wind dry the water.
햇빛과 바람이 그 물을 건조시켜.

This process leaves only salt crystals behind.
이 과정은 오직 소금 결정들만 남겨.

These crystals have a bitter taste and are too moist.
이 결정들은 쓴맛이 나고 너무 축축해.

After 6 months to a year in a salt warehouse, they become edible.
소금 창고에서 6개월에서 1년이 지난 후에, 그것들(소금 결정들)은 먹을 수 있게 돼.

There is no more bitterness and moisture.
더 이상 쓴맛과 수분은 없어.

UNIT 04 Hidden Dangers in Our Snacks

Word	▶23쪽	❶ include ❷ tree nuts ❸ walnut ❹ account for ❺ almond ❻ half ❼ worst ❽ far

Sentence	▶23쪽	❶ allergy ❷ reaction

Comprehension	▶25쪽	1 ③ 2 ⓐ ✕ ⓑ ○ 3 ❶ reaction, hours ❷ allergy ❸ causes

Chunk	▶26쪽	1 the worst 2 is 3 reaction within 4 common, include 5 account for, allergic

Check	▶26쪽	❶ more dangerous ❷ much safer

🐶 Story 문장 해석

Your favorite snack can be the worst one for your friend.
네가 가장 좋아하는 간식이 네 친구에게는 최악의 간식이 될 수 있어.

The reason for this is food allergies.
이것의 원인은 식품 알레르기야.

Some people may have a reaction within minutes.
몇몇 사람들은 몇 분 내에 증상이 있을 수 있어.

Others may have one after a few hours.
다른 사람들은 몇 시간 후에 증상이 있을 수 있어.

Some common food allergies include milk and eggs.
몇몇 흔한 식품 알레르기들은 우유와 계란을 포함해.

Tree nuts, such as almonds and walnuts, are also one of the most common causes of food allergies.
아몬드와 호두 같은 견과류 또한 식품 알레르기의 가장 흔한 원인들 중 하나야.

These foods account for far more than half of all food allergic reactions.
이 식품들은 전체 식품 알레르기 증상의 절반을 훨씬 넘게 차지해.

Word	▶29쪽	① bring ② totally ③ independent ④ generally ⑤ active ⑥ personality ⑦ pet ⑧ friendly
Sentence	▶29쪽	① playful ② require
Comprehension	▶31쪽	1 ③ 2 ⓐ ✗ ⓑ ○ 3 ① independent, exercise, active ② friendly
Chunk	▶32쪽	1 Both, pets 2 totally, personalities 3 less active 4 require, attention 5 Most, playful
Check	▶32쪽	① feel ② are

Story 문장 해석

Are you a dog person or a cat person?
너는 개가 좋아, 고양이가 좋아?

Both cats and dogs make great pets.
고양이와 개 둘 다 훌륭한 반려동물이야.

But the two have totally different personalities.
하지만 그 둘은 완전히 다른 성격을 가지고 있어.

Cats are generally less active than dogs.
고양이들은 개들보다 일반적으로 덜 활발해.

They don't need much exercise.
그들은 많은 운동이 필요하지 않아.

They're also very independent.
그들은 또한 매우 독립적이야.

But as you know, dogs require more exercise and attention.
그러나 네가 알다시피, 개들은 더 많은 운동과 관심을 필요로 해.

Most of them are very playful and friendly.
그들 대부분은 아주 장난기가 많고 친근하지.

They can be your good friends.
그들은 너의 좋은 친구들이 될 수 있어.

Well, both can bring great joy to our lives!
어쨌든, 둘 다 우리 삶에 큰 기쁨을 가져다줄 수 있어!

106

UNIT 06 A Desert without Sand?

Word	▶33쪽	❶ few	❷ call	❸ little	❹ all year
		❺ rarely	❻ sand	❼ probably	❽ Antarctica

Sentence	▶33쪽	❶ animals	❷ desert

Comprehension	▶35쪽	1 ① 2 ⓐ × ⓑ ○ 3 ❶ rarely ❷ plants ❸ Antarctica ❹ desert

Chunk	▶36쪽	1 Few, desert	2 probably, sand
		3 there can be	4 rarely rains
		5 call this place	

Check	▶36쪽	❶ few	❷ A few

🐶 Story 문장 해석

Do you know about deserts?
너는 사막에 대해 아니?

It rains very little in a desert all year.
사막에는 일 년 내내 비가 거의 안 와.

And few plants and animals live in a desert.
그리고 사막에는 식물들이나 동물들이 거의 살지 않아.

You probably think of sand, too.
너는 아마 모래를 떠올릴 거야.

But there can be snow and ice in a desert!
하지만 사막에 눈과 얼음이 있을 수 있어!

Think about Antarctica.
남극 대륙에 대해 생각해 봐.

It is very dry, and it rarely rains there.
그곳은 아주 건조하고, 거의 비가 내리지 않아.

There also aren't many plants or animals.
식물들이나 동물들도 많지 않아.

Some people call this place a white desert!
어떤 사람들은 이곳을 하얀 사막이라고 불러!

A Flying Animal in the Dark

Word	▶37쪽	① bird	② excellent	③ catch	④ wall
		⑤ hunt	⑥ mammal	⑦ echo	⑧ bounce off

Sentence	▶37쪽	① moth	② cave

Comprehension	▶39쪽	1 ① 2 ⓐ ✕ ⓑ ○ 3 ① caves ② Mammals ③ hearing ⑤ echoes

Chunk	▶40쪽	1 cave, flying	2 have, hearing
		3 fly and hunt	4 bounce off
		5 catch these echoes	

Check	▶40쪽	① birds'	② men's

🐶 Story 문장 해석

In a cave, there are black flying things.
동굴 안에 검은색의 날아다니는 것들이 있어.

They are bats. Bats are not birds; they are mammals.
그것들은 박쥐야. 박쥐는 새가 아니라 포유류야.

Bats have excellent hearing.
박쥐는 뛰어난 청력을 가지고 있어.

Thanks to their hearing, they are able to fly and hunt in the dark.
그들의 청력 덕분에 그들은 어둠 속에서 날 수 있고 사냥할 수 있어.

They make high-frequency sounds.
그들은 고주파의 소리를 내.

People can't hear these sounds.
사람들은 이 소리들을 들을 수 없어.

The sounds bounce off walls and other things.
그 소리들은 벽과 다른 물체들에 부딪쳐서 반사돼.

And these make echoes.
그리고 이것은 메아리를 만들어.

Bats' ears catch these echoes and find food like flying moths.
박쥐의 귀는 이 메아리를 듣고 날아다니는 나방 같은 먹이를 찾아내.

A Cactus Has Special Leaves!

Word	▶41쪽	❶ cactus	❷ adapt	❸ palm	❹ stem
		❺ lose	❻ store	❼ narrow	❽ flat

Sentence	▶41쪽	❶ spiky	❷ thin		

Comprehension	▶43쪽	1 ② 2 ⓐ ✕ ⓑ ○ 3 ❶ adapted ❷ flat ❸ store ❹ narrow ❺ sharp

Chunk	▶44쪽	1 flat part	2 sharp and spiky
		3 lose water	4 as much water as
		5 adapted to	

Check	▶44쪽	❶ the leaf is	❷ these plants are

🐶 Story 문장 해석

A prickly pear cactus looks like a palm.
부채선인장은 손바닥처럼 보여.

The wide and flat part is not a leaf.
그 넓고 평평한 부분은 잎이 아니야.

It's actually a stem. It stores water well.
그것은 실제로는 줄기야. 그것은 물을 잘 저장해.

You can also see some sharp and spiky things.
너는 또한 날카롭고 뾰족뾰족한 것들을 볼 수 있어.

These are the leaves.
이것들은 잎들이야.

Wide leaves lose water easily in the hot sun of the desert.
넓은 잎들은 사막의 뜨거운 태양 아래에서 쉽게 물을 빼앗겨.

So the leaves became thin and narrow.
그래서 잎들이 가늘고 좁아졌어.

They can keep as much water as possible.
그것들(잎들)은 가능한 한 많은 물을 보관할 수 있어.

The plant adapted to the desert environment.
그 식물은 사막 환경에 적응했어.

How smart it is!
얼마나 똑똑한지!

Wise Words in One Sentence

| Word | ▶47쪽 | ① wisdom | ② proverb | ③ value | ④ contain |
| | | ⑤ unnecessary | ⑥ message | ⑦ Ethiopia | ⑧ foolish |

| Sentence | ▶47쪽 | ① patient | ② past | | |

| Comprehension | ▶49쪽 | 1 ②   2 ⓐ × ⓑ ○ | | | |
| | | 3 ① patient ② wishes ③ unnecessary ④ waste | | | |

Chunk	▶50쪽	1 contain	2 patient, come true
		3 Thailand, protects	4 need the bones
		5 Foolish, value	

| Check | ▶50쪽 | ① and | ② Ask |

Story 문장 해석

Proverbs contain the wisdom of people from the past.
속담에는 과거 사람들의 지혜가 들어 있어.

Here are some interesting proverbs.
여기 몇몇 재미있는 속담들이 있어.

In Ethiopia, there is a saying, "One day, an egg will walk on its feet."
에티오피아에는 "언젠가 달걀은 제 발로 걷는다."라는 속담이 있어.

The message is "Be patient, and your wishes will come true."
메시지는 "인내심을 가지면, 너의 소원은 이루어질 거야."라는 거야.

People in Thailand say, "The dog protects the bones of the fish."
태국 사람들은 "개가 생선 뼈를 지킨다."라고 말해.

What does it mean?
무슨 의미일까?

Does the dog really need the bones? No.
개는 정말 그 (생선) 뼈가 필요할까? 아니야.

Foolish people value unnecessary things and waste time. Aha!
어리석은 사람들은 불필요한 것들을 소중히 여기며 시간을 낭비해. 아하!

A Giant but Lonely Island

| Word | ▶51쪽 | ① except for | ② big | ③ large | ④ uninhabited |
| | | ⑤ size | ⑥ cold | ⑦ bad | ⑧ South Korea |

| Sentence | ▶51쪽 | ① island | ② Canada |

| Comprehension | ▶53쪽 | 1 ③ | 2 ⓐ × ⓑ × | 3 ① big ② far, cold ③ island |

Chunk	▶54쪽	1 half	2 the largest
		3 far from land	4 too cold
		5 does not rain	

| Check | ▶54쪽 | ① knows | ② is |

Story 문장 해석

Devon Island is in Canada.
데번 섬은 캐나다에 있어.

It is a big island about half the size of South Korea.
그곳은 한국의 약 절반 크기의 큰 섬이야.

But no one lives there.
그러나 아무도 그곳에 살지 않아.

Devon Island is the largest uninhabited island in the world.
데번 섬은 세계에서 가장 큰 무인도야.

An uninhabited island may be an island with a bad environment for people.
무인도는 사람들이 살기에 나쁜 환경을 가진 섬일 수 있어.

Or it can be very far from land.
또는 육지에서 아주 멀리 있을 수 있어.

Devon Island is too cold. People can't live there.
데번 섬은 너무 추워. 사람들은 거기서 살 수 없어.

And it does not rain much.
그리고 비가 많이 내리지 않아.

No animals live there except for some birds.
몇몇 새들을 제외하고는 어떤 동물도 거기에 살지 않아.

Word	▶55쪽	❶ fingertip	❷ toy	❸ Vietnam	❹ map
		❺ edge	❻ bamboo	❼ wiggle	❽ balance

Sentence	▶55쪽	❶ challenge	❷ introduce

Comprehension	▶57쪽	1 ③ 2 ⓐ ○ ⓑ ✕ 3 ❶ shape ❷ bamboo ❸ balance

Chunk	▶58쪽	1 doesn't it	2 introduce, traditional
		3 fingertip, edge	4 wiggles, dragonfly
		5 the longest	

Check	▶58쪽	❶ Who	❷ Who

Story 문장 해석

Look at this world map.
이 세계 지도를 봐.

This country looks like the number 3, doesn't it?
이 나라는 숫자 3처럼 보여, 그렇지 않아?

It's Vietnam.
이건 베트남이야.

Let me introduce a traditional Vietnamese toy.
베트남의 전통 장난감을 소개할게.

It is a *chồn chồn*. It means dragonfly.
이건 쭈온 쭈온이야. 이것(쭈온 쭈온)은 잠자리를 의미해.

Vietnamese people make it with bamboo, and its shape is like a dragonfly.
베트남 사람들은 대나무로 그걸 만들어. 그리고 모양은 잠자리 같아.

You can put it on your fingertip or on the edge of something.
너는 손가락 끝이나 어떤 것의 가장자리에 그것을 놓을 수 있어.

Then, it wiggles just like a real dragonfly.
그러면, 그것은 진짜 잠자리처럼 꿈틀거려.

Challenge your friends!
친구들과 도전해 봐!

Who can balance it the longest?
누가 가장 오래 균형을 유지할 수 있니?

UNIT 12 The Innovative and Creative Mayans

Word	▶59쪽	❶ astronomy ❷ solar ❸ bloom ❹ stick ❺ lunar ❻ dot ❼ mathematics ❽ predict
Sentence	▶59쪽	❶ calendar ❷ civilization
Comprehension	▶61쪽	1 ① 2 ⓐ ○ ⓑ ✕ 3 ❶ predicted ❷ calendar ❸ concept ❹ numbers
Chunk	▶62쪽	1 civilization bloomed 2 accurately predict 3 understood 4 created 5 good at mathematics
Check	▶62쪽	❶ knew ❷ made

🐾 Story 문장 해석

Mayan civilization bloomed mainly in Central America.
마야 문명은 주로 중앙아메리카에서 꽃을 피웠어.

The Mayans had a high level of astronomy.
마야인들은 높은 수준의 천문학을 가지고 있었어.

They could accurately predict solar eclipses and lunar eclipses.
그들은 일식과 월식을 정확히 예측할 수 있었어.

And they understood that there are 365 days in a year.
그리고 그들은 일 년에 365일이 있다는 것을 이해했어.

They created a solar calendar.
그들은 태양력을 만들었어.

They were particularly good at mathematics, too.
그들은 특별히 수학에도 뛰어났어.

They knew about the concept of zero.
그들은 0의 개념에 대해 알았어.

They used sticks and dots for numbers and made a type of picture writing.
그들은 막대와 점을 이용해 숫자를 표시했고 일종의 상형 문자를 만들었어.

Too Much Screen Time for Little Ones

Word	▶65쪽	① worldwide	② textbook	③ serious	④ parent
		⑤ high school	⑥ Sweden	⑦ digital	⑧ Finland

Sentence ▶65쪽 ① kindergartens ② tablets

Comprehension ▶67쪽
1 ② 2 ⓐ ○ ⓑ ✗
3 ① tablets ② problem ③ kindergartens ④ textbooks

Chunk ▶68쪽
1 even young children
3 must not use
5 until high school
2 worldwide
4 under six

Check ▶68쪽 ① not play ② not watch

Story 문장 해석

These days, even young children are watching videos on smartphones and tablets.
요즘에는, 어린아이들조차 스마트폰과 태블릿으로 영상을 보고 있어.

This is a serious problem worldwide.
이것은 전 세계적으로 심각한 문제야.

In Sweden, teachers and children must not use tablets in kindergartens.
스웨덴에서는, 교사들과 아이들이 유치원에서 태블릿을 절대 사용하면 안 돼.

And children under six do not use digital learning at all.
그리고 6살 미만의 아이들은 디지털 학습을 전혀 사용하지 않아.

In Finland, students don't use digital textbooks until high school.
핀란드에서는, 학생들은 고등학교에 가서야 디지털 교과서를 사용해.

Children's brains need their parents' attention, picture books, and beautiful nature, not screens or videos.
아이들의 뇌는 화면이나 영상이 아닌 부모님의 관심, 그림책, 그리고 아름다운 자연이 필요해.

A Better Avocado Choice

Word	▶69쪽	❶ fat	❷ space	❸ avocado	❹ fewer
		❺ harm	❻ fiber	❼ chemicals	❽ completely

Sentence	▶69쪽	❶ local	❷ organic

Comprehension	▶71쪽	1 ③	2 ⓐ ✕ ⓑ ○	3 ❶ healthy ❹ space ❺ local, chemicals

Chunk	▶72쪽	1 healthy fats	2 some issues
		3 use up soil	4 harm the environment
		5 don't have to	

Check	▶72쪽	❶ eat	❷ research

🐶 Story 문장 해석

Avocados are quite popular these days.
아보카도는 요즘 꽤 인기 있어.

They have healthy fats, fiber, and many vitamins.
그것들(아보카도)은 몸에 좋은 지방, 섬유질, 그리고 많은 비타민을 가지고 있어.

But there are some issues.
하지만 몇몇 논쟁거리들이 있어.

They need a lot of water and space.
그것들은 많은 물과 공간을 필요로 해.

People have to cut down trees, use up soil, and use a lot of water.
사람들은 나무를 잘라야만 하고, 토양을 다 소진해야만 하고, 많은 물을 써야만 해.

This can harm the environment.
이것은 환경을 해칠 수 있어.

We don't have to stop eating avocados completely, but we can find a balance.
우리는 아보카도 먹는 것을 완전히 멈출 필요는 없어. 그러나 우리는 균형을 찾을 수 있어.

Why don't we buy local and organic avocados with fewer chemicals?
지역에서 생산되는 화학 물질이 적게 쓰인 유기농 아보카도를 사는 게 어때?

Think Before You Throw Away

| Word | ▶73쪽 | ❶ buy | ❷ e-waste | ❸ average | ❹ repair |
| | | ❺ shop | ❻ as soon as | ❼ increase | ❽ twice |

| Sentence | ▶73쪽 | ❶ toxic | ❷ electronic |

| Comprehension | ▶75쪽 | 1 ② | 2 ⓐ ○ ⓑ × | 3 ❶ throw ❷ electronic ❸ contains ❹ repair |

Chunk	▶76쪽	1 a new one	2 toxic chemicals
		3 is, increasing	4 On average
		5 repair shop	

| Check | ▶76쪽 | ❶ for | ❷ for |

Story 문장 해석

You throw your mobile phone away as soon as you have a new one.
너는 새 핸드폰이 생기자마자 네 핸드폰을 버려.

Your old phone becomes electronic waste, or e-waste.
너의 옛날 핸드폰은 전자 폐기물이 돼.

E-waste contains toxic chemicals.
전자 폐기물에는 독성 화학 물질이 들어 있어.

They can harm our health and the environment.
그것들은 우리 건강과 환경을 해칠 수 있어.

E-waste from mobile phones is particularly increasing.
핸드폰으로부터 나오는 전자 폐기물은 특히 증가하고 있어.

On average, people use their mobile phones for just over two years.
평균적으로 사람들은 2년 조금 넘게 그들의 핸드폰을 사용해.

Are you going to buy a new phone?
너는 새 핸드폰을 살 예정이니?

You should think twice.
다시 한번 생각해 봐.

Do you really need a new one?
정말 새것이 필요하니?

Why don't you visit a repair shop first?
먼저 수리점을 방문해 보는 건 어때?

The Struggles of Chinstrap Penguins

Word	▶77쪽	❶ scarce	❷ decrease	❸ penguin	❹ cause
		❺ main	❻ band	❼ krill	❽ pair

Sentence ▶77쪽 ❶ chin ❷ habitat

Comprehension ▶79쪽
1 ② 2 ⓐ ○ ⓑ ✕
3 ❶ Antarctica ❷ pairs ❸ destroyed ❹ scarce

Chunk ▶80쪽
1 its chin **2** more than
3 Climate change **4** habitat of
5 became scarce

Check ▶80쪽 ❶ across ❷ across

Story 문장 해석

The chinstrap penguin is one of the main animals in Antarctica.
턱끈펭귄은 남극에 사는 주된 동물 중 하나야.

Just like its name indicates, it has a black band across its chin.
이름에서 알 수 있듯이 그것(턱끈펭귄)은 턱에 검은색 띠가 있어.

Many chinstrap penguins live on Elephant Island in Antarctica.
많은 턱끈펭귄이 남극의 코끼리섬에 살아.

There were more than 120,000 pairs in 1971.
1971년에는 120,000쌍 이상이 있었어.

However, there are only 50,000 pairs now.
하지만 지금은 겨우 50,000쌍만 있어.

That is 70,000 fewer pairs!
70,000쌍이 더 줄었어!

Climate change is the main cause.
기후 변화가 주요 원인이야.

It destroyed the habitat of krill.
그것(기후 변화)은 크릴새우의 서식지를 파괴했어.

Krill is the penguins' main food.
크릴새우는 펭귄의 주식이야.

The food became scarce, so the number of penguins also decreased.
먹이가 부족해지자 펭귄의 수도 줄었어.

문법 용어 🔍 점검하기

① 품사

단어는 성격에 따라 총 8가지 종류로 나뉘어요! 어떤 역할들을 하는지 하나씩 살펴보세요.

| 명사 | 사람, 사물, 동물 등의 이름을 나타내는 말
예 stomach, yolk, baby, bone 등 |

| 대명사 | 명사를 대신해서 쓰는 말로, 같은 단어가 반복되는 것을 피할 수 있어요.
예 I, you, he, she 등 |

| 동사 | 사람이나 사물의 동작, 상태를 나타내는 말
예 love, have, grow, eat 등 |

| 형용사 | 사람이나 사물의 상태나 성질이 어떠한지 서술하거나 꾸며 주는 말
예 sweet, tasty, dangerous 등 |

| 부사 | 동사, 형용사, 또는 다른 부사나 문장 전체를 꾸며 주는 말
예 well, fast, early, sadly 등 |

| 전치사 | 명사나 대명사 앞에 놓여 다른 명사나 대명사와의 관계(장소나 시간)를 나타내는 말
예 for, in, at, on, after, about 등 |

| 접속사 | 두 단어나 문장을 이어 주는 말
예 and, but, or, so 등 |

| 감탄사 | 감탄하는 느낌을 나타내는 말
예 Wow!, Aha!, Oops! 등 |

헷갈렸던 용어들은 다시 읽어 보세요!

2 문장 성분

문장을 만들려면 단어를 규칙에 따라 배열해야 해요. 아무렇게 단어를 나열하면 문장이라고 할 수 없어요.
가장 기본적인 문장 성분인 '주어'와 '서술어(동사)'부터 차근차근 5가지 문장 성분을 익혀 보세요.
우리말과 다르게 영어는 동사가 주어 바로 뒤에 오니까 그 순서에 주의해 주세요!

주어	'누가', '누구'에 해당하는 동작이나 상태의 주체가 되는 말 예 **Many people** love chocolate. 많은 사람들이
서술어	'~한다', '~이다'에 해당하는 주어의 동작이나 상태를 나타내는 말 예 Many people **love** chocolate. 사랑한다
목적어	'무엇을'에 해당하는 동사의 동작이나 상태의 대상을 나타내는 말 예 Many people love **chocolate**. 초콜릿을
보어	주어나 목적어를 보충하여 설명하는 말 예 Many people are **busy**. 많은 사람들 ◄·········· 바쁜
수식어	꾸며 주는 역할을 하는 말로 생략 가능한 말 예 Many people are busy **(in the morning)**. 아침에

문장 성분으로 끊어 읽기를 하면 훨씬 더 잘 읽을 수 있어요!
리딩 지문을 읽으면서 시도해 보세요!

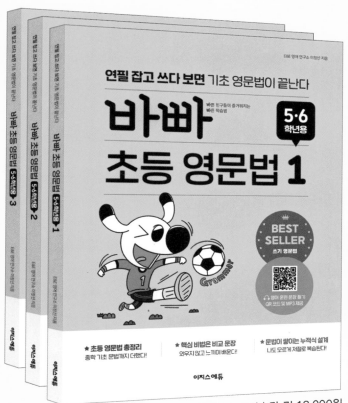

E&E 영어 연구소 이정선 지음

연필 잡고 **쓰다** 보면 기초 영문법이 끝난다

바빠 초등 영문법 1

바른 친구들이 즐거워지는
바른 학습법

5·6 학년용

👑 BEST SELLER 쓰기 영문법

🎧 영어 문장 듣기
QR 코드 및 MP3 제공

★ 초등 영문법 총정리
중학 기초 문법까지 더했다!

★ 핵심 비법은 비교 문장
외우지 않고 느끼며 배운다!

★ 문법이 쌓이는 누적식 설계
나도 모르게 저절로 복습된다!

이지스에듀

바빠 초등 영문법 5·6학년용 1~3권 | 각 권 13,000원

★ ★ ★

문법이 쌓이는 누적식 학습 설계

연필 잡고 쓰다 보면 기초 영문법이 끝난다!

원어민
음원도
있어요!

이 책의 Bonus!

PDF '시험에는 이렇게 나온다'
문법 TEST PDF 제공

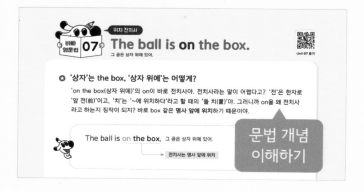

문법 개념 이해하기

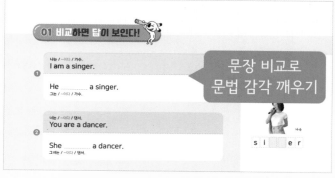

문장 비교로 문법 감각 깨우기

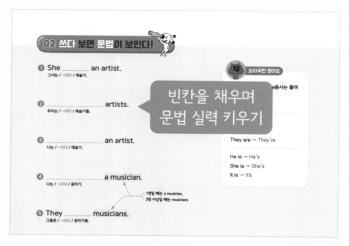

빈칸을 채우며 문법 실력 키우기

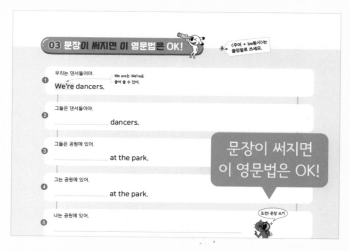

문장이 써지면 이 영문법은 OK!

🐶 **아들이 하고 싶은 문법 교재라며 고른 첫 번째 책! 문법 공부를 스스로 하고 있어요!** – 학부모의 찬사